# MORMONISMO

# MORMON ISMO

EDICION REVISADA
Y ACTUALIZADA

## DR. WALTER MARTIN

EDITORIAL BETANIA

Versión castellana:
Juan Sánchez Araujo

Copyright © 1982, 1987 por la Editorial Betania
Calle 13 S.O. 824
Caparra Terrace, Puerto Rico 00921

*Correspondencia:*
Editorial Betania
5541 N.W. 82nd Ave.
Miami, FL 33166 E.U.A.

Publicado originalmente en inglés con el título de
MORMONISM
Copyright © 1957, 1976 por Walter Martin
Publicado por Bethany House Publishers,
Minneapolis, MN E.U.A.
(Material revisado ha sido tomado del libro THE KINGDOM
OF THE CULTS, copyright © 1985.)

ISBN 0–88113–157–1

# Prefacio

La Iglesia de Jesucristo de los Santos de los Ultimos Días, que tiene su centro principal en Salt Lake City, Utah, Estados Unidos de América, es el nombre oficial de la secta conocida como el mormonismo, uno de los movimientos religiosos originados en los Estados Unidos, y una de las sectas *no cristianas*, que se está multiplicando más rápidamente.

Como sucede con la mayoría de las sectas, el mormonismo afirma que recibió revelaciones especiales de Dios, oráculos sagrados en forma de libros (*El libro de Mormón, La Perla de gran precio, Las doctrinas y convenios*) y que han tenido un linaje de "genuinos" profetas descendientes de Joseph Smith y de Brigham Young, los primeros príncipes de sistema jerárquico mormón, por así decirlo.

Este libro fue diseñado principalmente como un compendio introductorio a la religión mormona, que demuestra su origen y desarrollo, algunas de sus doctrinas y actividades e incluye una refutación de ciertas fases del sistema, basada en la teología bíblica histórica y comparada directamente con citas de reconocidas autoridades del mormonismo.

Es mi deseo que la iglesia cristiana despierte para que se dé cuenta de las tremendas ganancias que están obteniendo hoy las numerosas sectas *no cristianas* en los Estados Unidos de América y en los campos de evangelización de todo el mundo. Ruego al Señor sinceramente que, como resultado, haya una genuina rededicación a la tarea de la apologética cristiana y a la evangelización de estas sectas en ese campo necesitado, en defensa del evangelio de Jesucristo. Con este pensamiento principalísimo en mente, publicamos este libro, pensando siempre que la responsabilidad de los que proclaman el nombre de Cristo no es sólo la de predicar su evangelio, sino que al predicador se le amonesta: "... redarguye, reprende, exhorta con toda paciencia y doctrina", a aquellos que siguiendo la obra de Satanás "tuercen... las... Escrituras, para su propia perdición".

Walter Martin

# Indice

## CAPITULO UNO

# Perspectiva histórica

La Iglesia de Jesucristo de los Santos de los Ultimos Días se distingue de todas las otras sectas que operan en los Estados Unidos por tener la historia más fascinante; una historia digna de ser tomada en cuenta por todos los estudiosos de las religiones que se han originado en el continente americano.

Los mormones, como se les llama más corrientemente, están divididos en dos grupos principales: la Iglesia de Jesucristo de los Santos de los Ultimos Días, con sede en Salt Lake City, Utah, EE.UU., y la Iglesia de Jesucristo de los Santos de los Ultimos Días Reorganizada, cuyo cuartel general se halla en Independence, Missouri, EE.UU. Hoy día, 150 años después de que se fundara el movimiento, los mormones cuentan con más de 5,3 millones de adherentes, poseen una buena parte del capital agrícola e industrial de los Estados Unidos, y circundan la tierra con actividades misioneras, rivalizando enérgicamente con el cristianismo evangélico. El primero de los dos grupos, que es el tema principal de este libro, afirmó contar en abril de 1983 con 5,1 millones de adeptos. La Iglesia Reorganizada tiene poco más de doscientos mil miembros en todo el mundo, y en algunos lugares ha ganado aceptación como "secta fundamentalista". El presente libro se ocupa sólo en forma breve de esta última iglesia (la de Missouri), la cual rechaza el nombre de mormona, pero no hay duda de que la misma ha ganado mucho terreno en las últimas décadas y está compuesta por un grupo de personas fervientes y dedicadas. La iglesia de Missouri irrita constantemente a la de Utah señalando que las decisiones de los tribunales han demostrado que ellos son la verdadera Iglesia y los otros los cismáticos.

La Iglesia Mormona se ha caracterizado desde siempre por su economía, su celo y un admirable espíritu misionero; incluso antes del comienzo de la Segunda Guerra Mundial tenían más de 2.000 misioneros operando en todos los campos de misión del mundo. Desde el final de dicha guerra, y en armonía con la aceleración de la propaganda de la secta en todo lugar, los mormones han llegado a alcanzar la cifra de 26.000 "misioneros" activos.

Este gran despliegue misionero se debe, sin embargo, a un hecho interesante, y es la práctica de la iglesia mormona de alentar a sus jóvenes más prometedores —muchachos de 19 años de edad y muchachas de 21 a dedicar dos años de su vida a esa labor pagando sus propios gastos. En algunos casos, los padres mantienen a sus hijos durante ese período de servicio; pero resulta significativo destacar que aproximadamente cada dos semanas entre setenta y noventa jóvenes —varones y hembras— comienzan dichas actividades misioneras.

El número de miembros de la Iglesia Mormona aumenta cada año a un ritmo promedio de 200.000 conversiones, y los mormones cuentan con una tasa de natalidad del 21,8 por mil, en contraste con la del 15,9 promedio que tienen los Estados Unidos.[1] Según la enseñanza de la Iglesia Mormona, sus miembros han de conservar su cuerpos siempre lo más saludable posible, y se les previene contra el uso del tabaco y del alcohol, e incluso contra el tomar té, café y otras bebidas con cafeína tales como la Coca-Cola. Asimismo, los mormones insisten enfáticamente sobre el principio veterotestamentario del diezmo, exigiendo de todos sus miembros que cumplan con el 10% estipulado en la Biblia; ello da como resultado que en 1982 la iglesia acumulara haberes por valor de más de 2.000 billones de dólares,[2] cifra enorme para una organización comparativamente pequeña. El lector debe tener en cuenta que los mormones dan este dinero para que sea bien empleado en la expansión de su iglesia; una verdad corroborada por el hecho de que la Iglesia Mormona se está extendiendo rápidamente en cuanto a bienes raíces, tanto para uso comercial como eclesiástico. Los "santos" cuentan en la actualidad con más de veinte templos activos, y aproximadamente otros tantos en proyecto o en construcción en cada continente del globo terráqueo. La universidad por su parte, se jacta de tener más de 27.000 estudiantes en dos recintos universitarios.

Promulgado por personas resueltas, fervientes, y de mentalidad misionera, que tienen una religión práctica de "buenas obras" y vida sana, los mormones gastan cada año millones de dólares en la divulgación de las enseñanzas de sus profetas principales, Joseph Smith y Brigham Young, y ganan prosélitos entre todos y cada uno de sus oyentes sin tener en cuenta la afiliación religiosa de éstos.[3] Además del diezmo normal, la Iglesia Mormona estimula también lo que denomina "ofrendas de ayuno"; esta práctica extraña implica renunciar a dos comidas el primer domingo de cada mes, cuyo valor en dinero se entrega a la iglesia como una contribución voluntaria para la ayuda y la alimentación de los pobres.

Puesto que la educación ocupa un lugar importante en los círculos mormones, la existencia de sus programas de "seminario" e "instituto" para estudiantes de escuela secundaria y de universidad, con más de 320.000 matriculados, es lo que cabría esperar de tan sistemático crecimiento. La iglesia tiene asimismo más de cincuenta escuelas fuera de los Estados Unidos, la mayoría de ellas en México y en el Pacífico Sur.

Los mormones no son, por tanto, una de las sectas que suelen apelar meramente a la gente inculta, como sucede generalmente con los Testigos de Jehová, sino que en vez de ello exaltan la educación; lo cual da como resultado que enormes cantidades de propaganda impresa salgan por millones de ejemplares cada año de sus prensas. Los mormones son también magníficos constructores de capillas y de templos; reservándose estos últimos para la solemnización de los matrimonios "celestiales", contratos, bautismos sustitutorios y otras ceremonias por los muertos (en 1982 solamente, se celebraron 4,5 millones de ritos sagrados de dotación).

Tales templos están prohibidos a los "gentiles" (un término mormón para todos los que no pertenecen a la secta), y son edificios realmente hermosos y, por lo general, muy caros tanto en construcción como en mobiliario. Además de su fuerte énfasis en la educación, los mormones dan también mucha importancia a los deportes, a los pasatiempos, al teatro, a la música, a las clases de tareas domésticas para futuras esposas, a los bailes y a los festivales dramáticos. La organización mormona que patrocina muchas de estas actividades se denomina Asociación para el Mejoramiento Mutuo (Mutual Improvement Association), y ha auspiciado literalmente miles y miles de bailes y otros programas ideados para atraer y divertir a los jóvenes. Cada baile mormón se inicia con una oración y finaliza con el canto de un himno. Los mormones hacen todo lo humanamente posible para que su iglesia sea un hogar fuera del hogar para sus niños y sus jóvenes, y la ausencia en proporciones notables de delincuencia juvenil entre ellos testifica del éxito de su programa centrado en la iglesia.[4]

Haciendo énfasis en la importancia de las misiones, el Coro del Tabernáculo Mormón se ha hecho famoso y es bien conocido por todos los radioyentes. Dicho coro está constituido por 350 voces y cuenta con un repertorio de 810 antífonas. Hace poco cumplió su quincuagésimo aniversario en la radiodifusión.

Los que tienen la tendencia de eliminar a los mormones como fuerza influyente en los Estados Unidos deberían recordar que éstos cuentan con más adherentes mencionados en *Quién es quién en América* que ninguna otra religión; y lo mismo sucede en las sociedades de honores científicos estadounidenses. Los dirigentes mormones han llegado a ser poderosos en casi todos los sectores del gobierno norteamericano. A la cabeza de ellos van: Ezra Taft Benson, ex ministro de Agricultura y uno de los Doce Apóstoles que gobiernan la Iglesia Mormona; el ex ministro de Hacienda David M. Kennedy (en la actualidad utilizando eficazmente las credenciales del gabinete como embajador general de la Iglesia); las tesoreras Angela (Bay) Buchanan e Ivy Baker Priest, ya difunta; el ex ministro de Educación Terrell H. Bell; el ex gobernador de Michigan George Romney; Marriner S. Eccles; tres embajadores de los Estados Unidos en Escandinavia; y una docena de senadores, por nombrar sólo a unos pocos. Lejos de ser una organización de escasa influencia, los mormones constituyen una fuerza política y social con la que hay que contar: un hecho que pocas personas informadas discutirán.

## Organización de la Iglesia Mormona

La organización y administración general de la Iglesia Mormona está dirigida por sus "Autoridades Generales". En la cúspide se halla la Primera Presidencia (compuesta actualmente por el "profeta" de 88 años de edad Spencer W. Kimball y dos "consejeros") asistida por un "Concilio de los Doce" apóstoles, el "Primer Quórum de los Setenta" y su presidencia, un "Obispado Presidente", y el Patriarca de la Iglesia. Toda la autoridad reside en el "sacerdocio" mormón, establecido bajo los títulos de "aarónico" (menor) o "de Melquisedec" (mayor), a uno de los cuales pertenece casi cada varón activo de la secta de más de doce años. La administración de la Iglesia Mormona está dividida en territorios formados por "distritos" y "por una división bajo un obispo", los primeros constan de quinientas a mil personas y cada uno de ellos está presidido por un obispo y sus dos consejeros. Todos los distritos se hallan consolidados en *stakes** los cuales son supervisados por un presidente de *stake* y dos consejeros, ayudados a su vez por doce sumos sacerdotes conocidos como el "alto concilio del *stake*". Hoy día existen aproximadamente 8.900 distritos, 1.400 *stakes*, 2.000 secciones y 180 misiones funcionando en la Iglesia Mormona. Estos diversos grupos auxiliares forman una poderosa coalición para la asistencia mutua entre los mormones, y vale la pena señalar que durante la depresión de 1929 el "almacén mormón" veló fielmente para que a pocos miembros dignos les faltara lo indispensable para la vida.

Los mormones siguen manifestando mucho celo en su programa misionero. A los obreros se les prepara bien en sus doctrinas, y éstos son capaces de citar la Biblia profusamente; por ello muchos cristianos verdaderos han sido, por desgracia, reducidos literalmente al silencio por los hábiles discípulos de Joseph Smith y Brigham Young, quienes esgrimen una seudo maestría de la Escritura ante los ojos deslumbrados del cristiano sin información, y lo confunden, a veces hasta un punto indescriptible.

Como la mayoría de las sectas, el mormonismo ha tenido su temporada de persecuciones y calumnias, pero a diferencia de muchas otras, que prefieren "dejar lo bueno en paz", los mormones han intentado en ocasiones defender a sus "profetas"; lo cual les ha metido en más de un problema histórico precario.[5]

El mormón activo promedio se caracteriza generalmente por

---

*División territorial de la iglesia mormona bajo un obispo.

muchos rasgos morales sanos: es de modo habitual amistoso, casi siempre hospitalario, y sumamente dedicado a su familia y a las enseñanzas de su iglesia. Sin embargo, por triste que resulte, la inmensa mayoría de los mormones tienen casi una ignorancia total de los oscuros orígenes históricos y teológicos de su religión. A veces se sienten abiertamente escandalizados cuando se les revela lo poco significante, y decididamente nada cristiano, del trasfondo de la Iglesia Mormona. Esta faceta escasamente conocida del mormonismo es la "cara de la moneda" que innumerables historiadores mormones han tratado durante años ya sea de esconder de su gente, o de disimular, en un esfuerzo por suprimir ciertas evidencias históricas verificables y dañinas; evidencias que el autor ha escogido repasar con objeto de obtener un cuadro completo de la religión de Joseph Smith.

## Historia mormona primitiva

Las semillas de lo que más tarde llegaría a ser la religión mormona fueron maduradas en la mente de un tal Joseph Smith hijo, "El Profeta", más conocido por los residentes de Palmyra, Nueva York, simplemente como "Joe Smith".

Nacido en Sharon, Vermont, el 23 de diciembre de 1805, cuarto hijo de Lucy y de Joseph Smith, el futuro profeta mormón vino al mundo con dos cosas en su contra: su propio padre y el ambiente que lo rodeaba.

Joseph Smith padre era un místico, un hombre que pasaba la mayor parte del tiempo cavando para encontrar un imaginario tesoro enterrado (¡era particularmente adicto al legendario tesoro escondido del Capitán Kidd!). Además de esta flaqueza, algunas veces intentó fabricar su propio dinero, lo que por lo menos en una ocasión lo puso en decidido conflicto con la policía local. Este hecho es, desde luego, bien conocido de cualquier estudioso del mormonismo que esté debidamente informado, y apoyado por el testimonio del difunto juez Daniel Woodard, del Tribunal del condado de Windsor, Vermont, antiguo vecino de la familia Smith. El juez Woodard declaró públicamente en 1870, en el *Historical Magazine*, (Revista Histórica) que el anciano Smith era verdaderamente un buscador de tesoros y "que también se vio implicado con un tal

Jack Downing en la falsificación de dinero, pero burló la evidencia del Estado y escapó al castigo".[6]

La madre del futuro profeta era tan producto de su tiempo y de su medio ambiente como su marido, y tenía la tendencia de sostener ideas religiosas extremas y creer en las supersticiones más triviales. En una época posterior, Lucy Smith "escribió" un libro titulado *Biographical Sketches of Joseph Smith and His Progenitors for Many Generations* (Esbozos biográficos de Joseph Smith y sus progenitores para muchas generaciones), que fue publicado por la Iglesia Mormona de Liverpool, Inglaterra. Dicho libro, sin embargo, produjo la ira permanente de Brigham Young, primer sucesor de Smith, quien lo suprimió alegando que contenía "muchos errores" y que "si alguna vez se estimara mejor publicar tales esbozos, no se haría sin antes corregirlos cuidadosamente" (*Millennial Star* —La estrella milenial—, Vol. 17, págs. 297, 298, carta personal fechada el 31 de enero de 1885).[7]

Naturalmente, la señora Smith era totalmente incapaz de escribir semejante obra, y fue una tal señora Coray la colaboradora anónima que narró fielmente lo que llegó a conocerse como "La Historia de Mamá Smith". Tanto de este libro como de la historia personal de Joseph Smith hijo hablaremos a medida que vayamos avanzando; ahora tan sólo lo mencionamos para señalar las opiniones contradictorias que sostenían la Iglesia Mormona y la madre de Smith referentes a la vida familiar, al trasfondo, y a las costumbres religiosas del "profeta".

Pero vuelvo al personaje central de nuestro estudio. Joseph Smith hijo. El año 1820 resultó ser el verdadero comienzo del llamamiento del profeta, ya que fue presuntamente entonces cuando el joven Smith recibió una maravillosa visión en la que Dios Padre y Dios Hijo se materializaron y hablaron con él mientras oraba piadosamente en un bosque cercano. El profeta narra este incidente con gran detalle en su libro *Perla de gran precio* (Joseph Smith, Historia 1:1–25), donde revela que los dos "personajes" veían con bastante pesimismo a la Iglesia cristiana, y por así decirlo al mundo en general, y anunciaron que se hacía necesaria una restauración del verdadero cristianismo y que lo habían escogido a él, Joseph Smith hijo, para iniciar la nueva dispensación.

Resulta curioso observar que Smith no debe de haberse sentido muy conmovido por la visión celestial, ya que poco después volvía a su hábito de cavar en busca de tesoros junto con su padre y su hermano, quienes estaban decididos a desenterrar el botín del capitán Kidd por medio de "piedras o varas de adivinación" o del simple cavar.[8]

Sabemos por la historia que el clan Smith nunca tuvo éxito en sus innumerables intentos de encontrar tesoros, pero los muchos cráteres dejados en el campo de Vermont y Nueva York testifican de su evidente celo sin conocimiento.

En años posteriores, el "profeta" lamentó en gran manera aquellas supersticiosas expediciones de su juventud, e incluso negó públicamente haber sido un buscador de dinero enterrado. En una de esas ocasiones, el profeta Smith dijo: "En el mes de octubre de 1825 me contrató un anciano caballero llamado Josiah Stoal, que vivía en el condado de Chenango, Nueva York. Stoal había oído algo acerca de una mina de plata abierta por los españoles en Harmony, condado de Susquehannah, Pensylvania, y antes de emplearme a mí había estado excavando por si le fuera posible descubrir dicha mina. Después de que me fui a vivir con él, me tomó entre el resto de sus peones para que cavara en busca de la mina de plata, lo cual continué haciendo durante casi un mes sin que obtuviéramos éxito en nuestra empresa, hasta que convencí al anciano caballero para que abandonase las excavaciones. De ahí surgió la historia generalizada de que yo había sido un buscador de dinero enterrado".[9]

Esta explicación en cuanto a los fracasos del profeta en la búsqueda de tesoros puede ser suficiente para los fieles y los ineptos históricos, pero para quienes tienen acceso a los hechos tal como sucedieron resulta enseguida evidente que Smith jugó de forma imprudente, si no irresponsable, con la verdad. En realidad, a menudo ésta parecía ser una perfecta extraña para él. Sin embargo, la fuente que produce más excepticismo en lo tocante a la veracidad de la explicación del profeta, es nada menos que una autoridad como Lucy Smith, su propia madre, quien, en su relato del mismo incidente, escribió que Stoal "vino en busca de Joseph porque había oído que poseía ciertas claves para dicernir cosas que eran invisibles para el ojo humano" (Linn, *The Story of the*

*Mormons* —La historia de los mormones—, pág. 16).

Más evidencia adicional a la declaración de la señora Smith (evidencia ya concluyente de por sí), demuestra sin dejar lugar a ninguna duda razonable que el profeta era un adicto confirmado a la "piedra adivinadora", y que tomó parte en y supervisó personalmente muchas expediciones para excavar en busca de tesoros; además de que pretendía poseer poderes sobrenaturales que supuestamente lo ayudaban en aquellas búsquedas. Para quitar cualquier duda que el lector pueda tener en cuanto a la práctica temprana por parte de Joseph Smith de la búsqueda de tesoros y del uso de la "piedra adivinadora", citaremos tres de las fuentes más autorizadas, las cuales nos parece que apoyan nuestra tesis de que Smith era considerado un engañador por los que mejor lo conocían. También debe recordarse que Joseph Smith padre, en una entrevista publicada más tarde en el *Historical Magazine* (Revista histórica), mayo de 1870, afirmaba claramente que en su juventud el profeta había sido un entusiasta de la "piedra adivinadora" y un buscador de tesoros; además de haber "revelado el futuro" y haber localizado objetos perdidos por medio de dicha "piedra adivinadora", y de haber alegado poseer ciertos poderes "interiores". Para confirmar la versión del padre de Joseph acerca de las actividades más bien extrañas de su hijo, está el testimonio del doctor en teología John A. Clark tras realizar una "investigación exhaustiva" en el propio vecindario de la familia Smith.

> Mucho antes de que tuvieran la idea de una Biblia de oro, en sus excursiones para sacar dinero de la tierra. . . Joe solía ser generalmente su guía, metiendo en un sombrero una piedra determinada que tenía y a través de la cual miraba para decidir dónde debían empezar a excavar" *(Gleanings by the Way* —Rebuscos al lado del camino—, pág. 224, 1842).

Los procedimientos de un juicio con fecha del 20 de marzo de 1826 —*Nueva York* v. *Joseph Smith*— revelaban que Joseph Smith "tenía cierta piedra a la que había mirado en ocasiones para determinar dónde había tesoros escondidos en las entrañas de la tierra. . . y la había mirado para el señor Stoal varias veces".[10] Por tanto, el tribunal encontró al acusado culpable de buscar dinero enterrado.

En 1820, Joseph Smith hijo pretendió haber tenido una visión celestial, la cual, según dijo, lo separaba como el profeta ungido de Dios para esta dispensación; aunque no fue hasta 1823 que, con la aparición del ángel Moroni al lado de la cama del tembloroso Smith, que comenzó su relación con las fabulosas "planchas de oro", o lo que habría de llegar a ser el *Libro de Mormón*.

Según el relato que hace Smith de esta revelación extraordinaria, y que está registrado en *Perla de gran precio* (Joseph Smith, Historia 1:29–54), el ángel Moroni, hijo glorificado de un tal Mormón —hombre por el cual se dio título al famoso libro del mismo nombre—, apareció al lado de la cama de Joseph y repitió tres veces su comisión al supuestamente pasmado buscador de tesoros. Smith no escribió este relato hasta algunos años más tarde, pero ni siquiera eso puede excusar su desacierto al transmitir la proclamación angélica. Esta confusión aparece principalmente en la edición anterior de *Perla de gran precio*, donde se menciona como mensajero al aludido Moroni; mientras que en la última edición, Joseph, con la misma autoridad profética, identifica a dicho mensajero con un personaje totalmente distinto del *Libro de Mormón*: Nefi. Este desafortunado cruce de líneas en el sistema de comunicaciones divino fue remediado más tarde por los cuidadosos escribas mormones, quienes han puesto mucho esmero en descubrir todos los disparates históricos y de hechos difícilmente explicables en los escritos de Smith, Young y otros autores mormones primitivos. En las ediciones actuales, por tanto, ambas "revelaciones" concuerdan al identificar a Moroni como el visitante de medianoche; sin embargo, parece que a los fieles no les importa mucho si fue Nefi o Moroni quien le llevó el mensaje a Smith.

En 1827, Smith afirmó haber recibido las planchas de oro sobre las cuales se pretende que fue escrito el *Libro de Mormón*. Poco después de este histórico hallazgo, desenterrado en la colina Cumora cerca de Palmyra, Nueva York, Joseph Smith comenzó a "traducir", por medio del "Urim y Tumim" —un tipo de anteojos milagrosos que el siempre precavido ángel Moroni tuvo la previsión de suplir al prometedor vidente—, los jeroglíficos en "egipcio reformado"[11] escritos en las planchas. El relato de cómo Smith emprendió la "traducción" de las planchas, y de las dificultades con que tropezó a causa de un tal Martin Harris, de su mujer, y del profesor Charles Anthon, un erudito célebre, lo trataremos de un modo más completo posteriormente; sin embargo, la trama resulta obvia para cualquiera que esté informado, aunque sea en un nivel básico, del verdadero carácter de Joseph Smith. Así que continuemos con la historia del profeta.

Durante el período en el que Joseph estaba traduciendo las planchas (1827–1829), un tal Oliver Cowdery, maestro ambulante, visitó a Smith en el hogar de su suegro (quien después de algunos meses, por amor a su hija, había recibido a Joseph en casa), donde fue debidamente "convertido" a la religión del profeta y pronto llegó a ser uno de los varios "escribas" que habrían de copiar lo que Joseph afirmaba que decían las planchas, a pesar de que él jamás las había visto. Con el paso del tiempo, Smith y Cowdery se hicieron amigos leales, y el avance de la "traducción" y el celo espiritual alcanzaron supuestamente tales "cotas" que el 15 de mayo de 1829 "el cielo no pudo reprimir su gozo por más tiempo", de modo que Pedro, Santiago y Juan despacharon a Juan el Bautista en persona, a toda prisa, hacia el humilde estado de Pensylvania, con órdenes de conferir el "sacerdocio aarónico" a Joseph y Oliver.

Este asombroso acontecimiento se narra en *Perla de gran precio* (Joseph Smith, Historia 1:68–73), y después del mismo Oliver bautizó a Joseph y viceversa. Luego, por lo visto, pasaron un rato maravilloso bendiciéndose el uno al otro y profetizando sucesos futuros "que debían acontecer pronto". Smith tuvo cuidado de no ser demasiado específico al consignar dichas profecías, debido al hecho de que la mayoría de las veces las profecías mormonas no se cumplían a su hora; lo cual, sin duda, explica sus escrúpulos en cuanto a aludir a los detalles.

Desde el ahora santo estado de Pensylvania, inmortalizado por la iniciación de Smith en el sacerdocio de Aarón por Juan el Bautista, Joseph volvió pronto al hogar de Peter Whitmer en Fayette, Nueva York, donde permaneció hasta que se hubo completado la "traducción" de las planchas y publicado y registrado como propiedad literaria el *Libro de Mormón*, en 1830. El 6 de abril de ese mismo año, el profeta, en compañía de sus hermanos Hyrum y Samuel, Oliver Cowdery y David y Peter Whitmer, hijo, fundaron oficialmente una "nueva sociedad religiosa" con el nombre de "La Iglesia de Cristo" (más tarde sería llamada Iglesia de los Santos de los Ultimos Días, y finalmente Iglesia de Jesucristo de los Santos de los Ultimos Días). Así fue como vio la luz uno de los tipos más virulentos de sectas norteamericanas: el mormonismo había comenzado en serio.

Después de aquella ocasión "trascendental", el "profeta" convocó una conferencia de treinta hombres el 1 de junio de 1830, en la que se decidió realizar esfuerzos misioneros, y algunos ancianos recién ordenados fueron apartados para ir a los indios. En agosto de ese mismo año un tal Parley P. Pratt, evangelista ferviente, se convirtió al mormonismo, y al parecer, en septiembre, Sidney Rigdon, un poderoso predicador "campbelista" de Ohio, "vio la luz" y "convirtió" a su congregación a la religión de Smith; la cual había comenzado a echar raíces fuera de los estados de Nueva York y Pensylvania por razones que veremos un poco más tarde.

Debe mencionarse que casi desde el día en que se convirtieron, Sidney Rigdon y Parley Pratt fueron candidatos a la grandeza en la jerarquía mormona —como también Orson Pratt—, y que son sus escritos, junto con los de Young, Orson Pratt, Charles Penrose y James Talmage, los que arguyen mejor a favor de la causa de Smith aun en la actualidad. En un capítulo posterior hablaremos del papel que jugó Sidney Rigdon en la leyenda mormona; pero debemos recordar que más tarde Rigdon fue acusado de apostasía y excomulgado de la Iglesia, debido en gran parte a su famoso "Sermón de la Sal", pronunciado en 1833 en el condado de Jackson, Missouri. Durante el transcurso de su exposición, Rigdon se elevó a las alturas de la retórica inflamatoria contra los ciudadanos del condado, desafiando prácticamente a todo el estado a una batalla campal contra los "santos", que a continuación fueron terriblemente perseguidos y expulsados de allí en noviembre de ese mismo año.

Esta fugaz muestra de demagogia no benefició nada a Sidney con relación a los otros mormones, y llegó a ser conocida con bastante amargura como el "Sermón de la Sal de Sidney", debido al hecho de que el texto estaba sacado de Mateo y trataba de la sal que ha perdido su sabor. La devastadora valoración que Rigdon hizo del "profeta" Smith desde el "interior" es una obra maestra de disección de los hechos, y debería ser leída por cualquiera que se vea tentado a deificar el carácter cuestionable del primer profeta mormón.

Poco después de la reunión de Fayette, el núcleo de la Iglesia Mormona se trasladó a Kirtland, Ohio, donde en un período de seis años creció hasta rebasar las 16.000 almas. Fue desde Kirtland desde donde Smith y Rigdon realizaron su penetración inicial en el condado de Jackson, Missouri. Para Joseph y Sidney la persecución no era algo desconocido, y ambos sufrieron la indignidad de aquella vieja costumbre del emplumamiento, acompañada de un viaje fuera de la ciudad en el ferrocarril. Estando en Missouri, Smith compró 25 hectáreas de terreno, las cuales consideró "tierra santa", y marcó en ellas el lugar exacto donde, según declaró, habría de construirse con el tiempo el templo de Sion, sede terrena del reino de Jesucristo. Es un dato curioso de la historia que el sitio del templo pertenezca hoy a una pequeña rama del mormonismo (la Iglesia de Cristo, Solar del Templo) la cual afirma que en otro tiempo rechazó cinco millones de dólares que le ofrecía la Iglesia de Utah por esa "tierra sagrada".

En Kirtland también se estableció el Primer Stake de Sion, escogiéndose un quórum de doce apóstoles que tenía sobre él a una Primera Presidencia de tres supervisada por el presidente: Joseph Smith, el vidente. Sin embargo, la razón principal para que los mormones se trasladasen a Kirtland, Ohio, fue la suma impopularidad de Smith entre la gente que mejor lo conocía y que consideraba su nueva religión como una farsa y un fraude, lo cual difícilmente los acreditaba como posibles conversos. Naturalmente, Smith inventó una revelación de Dios a modo de autorización para realizar el traslado; en efecto, entre los años 1831 y 1844, el "profeta" recibió supuestamente en exceso de 135 revelaciones directas, las cuales ayudaron a construir Kirtland, y más tarde la metrópoli mormona de Nauvoo, Illinois. La infame práctica de Smith de la poligamia fue instituida en Kirtland, y seguidamente confirmada por "revelación divina". Algunas personas mal informadas han declarado que Joseph Smith no era un polígamo; pero no hay más que escudriñar la famosa colección Berrian en la Biblioteca Pública de Nueva York para encontrar volúmenes que tienen información de primera mano que demuestran lo contrario; escritos por mormones, hombres y mujeres, que pasaron por aquellas experiencias y testificaron de la descarada inmoralidad de Smith y de los líderes de la iglesia. Gradualmente, como era de esperarse, la poligamia se fue filtrando a toda la secta; de tal manera que resultó necesario que el gobierno de los Estados Unidos amenazara con confiscar todas las propiedades mormonas y disolver por completo la iglesia para erradicar aquella práctica ya ampliamente aceptada.

En 1890, el presidente Wilford Woodruff abolió oficialmente la poligamia como práctica de la iglesia mormona: un ejemplo concreto por lo menos de que las convicciones religiosas de los mormones han sido sacrificadas en aras de la sobrevivencia política y económica de la secta; algo discutido la mayoría de las veces en círculos mormones hoy día. Sin embargo, sigue siendo cierto que en Kirtland, en Nauvoo, en el condado de Jackson y en otros sitios los mormones tuvieron la oportunidad de hacer conversos porque eran extraños en esas áreas y porque en las mismas no se conocía el carácter del profeta. No obstante, en Nueva York, Smith era conocido por los términos más ofensivos, algunos de los cuales tienen relación directa con una adecuada comprensión de su carácter. En su obra clásica *The Origin, Rise and Progress of Mormonism* —Origen, aparición y progreso del mormonismo— (Nuevo York, 1867), Pomeroy Tucker recogió cierto número de declaraciones, debidamente juradas, de los vecinos de la familia Smith y de conocidos de Joseph Smith, hijo, particularmente. Según el consenso unánime de los que testificaron en aquel entonces, Joseph Smith hijo era conocido por "sus costumbres de exageración y falsedad. . . a causa de sus declaraciones extravagantes, sus palabras eran recibidas con muy poca confianza por los que mejor lo conocían. Podía pronunciar la más palpable exageración o el disparate más portentoso con un aspecto sumamente grave" (pág. 16).

Una de las declaraciones más interesantes referentes a los inicios de la familia Smith, y de Joseph hijo, la obtuvo E. D. Howe —un contemporáneo de Smith—, quien realizó una tremenda investigación durante la vida de Joseph; investigación que jamás ha sido impugnada con éxito por ningún historiador mormón. El propio Smith nunca se atrevió a contestar las acusaciones de Howe, aunque las conocía bien, por el peso tan grande que tenía aquella evidencia contemporánea.

El señor Howe obtuvo una declaración firmada por sesenta y

dos residentes de Palmyra, Nueva York, la cual no puede pasar por alto ningún estudioso serio del mormonismo. Esta decía:

> Los abajo firmantes hemos conocido a la familia Smith durante varios años, mientras residían cerca de este lugar, y no dudamos en considerar que son personas desprovistas del carácter moral necesario para hacerlos acreedores de la confianza de cualquier comunidad. Eran particularmente famosos por sus proyectos visionarios, pasaban gran parte de su tiempo excavando en busca de dinero, el cual, según pretendían, estaba enterrado; y aún hoy día pueden verse grandes excavaciones en la tierra no lejos de su casa, en las cuales solían pasar el tiempo cavando para encontrar tesoros escondidos. Joseph Smith padre, y su hijo Joseph, eran particularmente considerados como personas desprovistas de todo *carácter moral* y *adictos a hábitos viciosos* (*Mormonism Unveiled* —El mormonismo al descubierto—, Zanesville, Ohio, 1834, pág. 261).

Algunas personas, al leer esto, pueden pensar que es injusto citar sólo una parte de la historia, y tal vez se digan: ¿Y qué hay de aquellos que son favorables a los mormones? Como respuesta señalaremos el hecho asombroso de que *no hay declaraciones contemporáneas a favor de los mormones procedentes de fuentes de confianza e informadas que conocieran íntimamente a la familia Smith y a Joseph*. Sólo los historiadores mormones ultrasagaces, utilizando retrospectivas de un período de cien años, han sido apenas capaces de impugnar en forma seria la evidencia de los vecinos, el suegro de Joseph, y muchos ex mormones que sabían lo que estaba sucediendo y sacaron a la luz pública pruebas que ni aun los historiadores de la secta se han molestado seriamente en discutir.

A medida que los mormones crecieron y prosperaron en Nauvoo, Illinois, y que la práctica de la poligamia empezó a ser conocida tanto por la comunidad mormona en general como por los de afuera, la desconfianza en el profeta Smith se multiplicó, especialmente después de que uno de sus antiguos asistentes, John C. Bennett, expuso con audacia dicha práctica en Nauvoo. Cuando el profeta (o "general", como le gustaba que lo llamaran en aquella fase de su carrera) no pudo tolerar ya más esas críticas en aumento y ordenó la destrucción del vocero más peligroso de las mismas —una publicación antimormona titulada *The Nauvoo Expositor*—, el Estado de Illinois intervino. El "profeta" y su hermano Hyrum fueron encarcelados en Carthage, Illinois, a la espera del juicio por la parte que habían tenido en la demolición del *Expositor*. Sin embargo, el 27 de junio de 1844, una turba compuesta por alrededor de doscientas personas entró violentamente en la prisión de Carthage y asesinó en forma brutal a Joseph y a su hermano, poniendo por la fuerza la indeseada corona del martirio prematuro en la cabeza del profeta, quien se resistía vigorosamente a aceptarla, y asegurando así su perpetua beatificación en la historia mormona como un "verdadero vidente".

Con el asesinato de Joseph Smith, la gran mayoría de los mormones aceptó el liderato de Brigham Young, quien para entonces contaba cuarenta y tres años de edad y había sido el hombre que los había dirigido previamente a un lugar seguro cuando tuvieron que huir de la ira de los ciudadanos de Missouri.

En 1846, Young anunció que los "santos" iban a abandonar Nauvoo, y en 1847, después de un viaje brutal por el desierto del Suroeste, llevó al primer grupo de mormones hasta el valle del gran Lago Salado (Salt Lake), y con la frase de "¡Este es el sitio!" selló el destino de los "santos"; se encontraban en lo que habría de llegar a ser el estado de Utah.

Durante más de treinta años, Brigham Young gobernó la Iglesia Mormona, y como sucede todavía, heredó el manto profético "divinamente designado" de su antecesor. De este modo, cada nuevo presidente de la secta reclama para sí la misma autoridad que tenían Joseph Smith y Brigham Young, una infalible sucesión profética.

El "derecho espiritual" que los mormones pensaron les daba derecho a la posesión del valle del gran Lago Salado, les fue "concedido" en junio de 1848, cuando la primera cosecha de los "santos" fue salvada en su mayor parte de una plaga de langostas por un gran ejército de gaviotas; así, según la enseñanza de los mormones, Dios dio una prueba visible de su bendición sobre la Iglesia de los Santos de los Ultimos Días.

Como es natural, no podemos hablar muy detalladamente de la historia de los mormones bajo el liderato de Brigham Young, ya que ello requeriría fácilmente un volumen entero por sí solo; pero baste decir que Smith dio inicio al movimiento y que Young le dio el impulso necesario para establecerlo como una religión auténtica. El propio Brigham Young era un personaje polifacético, y no puede entenderse la teología del mormonismo sin comprender la tremenda influencia que ejercieron sobre ella la persona del "profeta Young" y sus enseñanzas. Smith y Young, junto con las declaraciones de los presidentes sucesivos, han hecho de la teología mormona lo que es, y sin Brigham Young no es posible entender plenamente el mormonismo.

Young era un hombre de indomable valor y dotado de una naturaleza sagaz; pero propenso a arrebatos de crueldad que ahora los historiadores mormones han olvidado convenientemente. Una de las evidencias de su determinación de controlar Utah, fue la orden que dio de asesinar en masa a cien inmigrantes no mormones en lo que ahora se conoce como la infame matanza del monte Meadows. En este caso particular, por razones que sólo él conocía, Young encomendó al obispo John D. Lee, en 1857, la tarea de aniquilar a un vagón entero de inmigrantes prácticamente indefensos. El obispo Lee lo hizo fielmente, y veinte años más tarde fue encarcelado, juzgado, condenado y ejecutado por el gobierno de los Estados Unidos a causa de su malvada y totalitaria acción.

En su memorable obra titulada *The Confessions of John D. Lee* (Las confesiones de John D. Lee) —un problema peliagudo para el plan mormón de "reconstrucción" histórica—, Lee confesaba su participación en los infames hechos, pero juraba haber actuado bajo órdenes de Brigham Young; tanto su testimonio como el de algunos de sus lugartenientes y otras personas relacionadas con la matanza, indican más allá de toda duda que Young ordenó y aprobó la acción. Cuando estudiemos un poco más la teología mormona, quedará patente que esto no estaba en absoluto fuera de los límites del carácter de Young: él era la ley en Utah, y como alguien ha indicado de modo muy sabio: "EL poder corrompe; y el poder absoluto corrompe absolutamente".

El mormonismo de hoy día, sin embargo, se ha distanciado bastante de muchos de los principios y prácticas de sus fundadores. Sin duda, permanece fiel a sus doctrinas fundamentales; pero, como en el caso de la poligamia, cuando dichas doctrinas entran en conflicto con los estatutos del gobierno o con la influencia política, los Santos de los Ultimos Días escogen prudentemente pasar por alto (la palabra que se utiliza corrientemente es "reinterpretar") los consejos de sus principales profetas. La historia de los mormones es un tema amplio y complejo; supone un verdadero laberinto de libros, testimonios, declaraciones juradas, fotografías, rumores y opiniones, y sólo tras un análisis muy cuidadoso de la evidencia contemporánea surge un cuadro consecuente con hechos verificables.

Hacia el creyente mormón promedio uno no puede sentir sino simpatía y estima; se trata por lo general de alguien honrado, trabajador, ahorrativo y ferviente, tanto en la proclamación como en la publicación de sus creencias. Lo único que uno lamenta es que haya aceptado, basándose en las apariencias, una "historia" cuidadosamente "revisada" del origen y del desarrollo doctrinal de su religión, en vez de examinar las magníficas fuentes que no sólo contradicen sino que prueban irrefutablemente la falsedad de lo que es con toda certeza un relato excelentemente reconstruido. Cabe esperar que a medida que sigamos estudiando el desarrollo del drama de la doctrina mormona, y la base de dicha doctrina, el lector llegará a apreciar la evolución del mormonismo y los peligros latentes que hay sin lugar a dudas en aceptar, basándose en las apariencias, el evangelio según Joseph Smith y Brigham Young. El veredicto de la historia está, por tanto, abrumadoramente en contra de la versión mormona —sobre todo en lo que respecta a Joseph Smith y Brigham Young—, y hay una gran cantidad de documentos que, a excepción de algunos, todos los mormones se encuentran satisfechos con ignorar; pero los hechos mismos siguen estando demasiado bien comprobados para pasarlos por alto.

## CAPITULO DOS

# Un nueva revelación: la "Biblia mormona"

Además de la versión *King James* de la Biblia, la cual los mormones aceptan como parte de la Palabra de Dios "siempre que esté correctamente traducida", ellos han añadido las *Doctrinas y convenios*, *Perla de gran precio*, y el volumen inicial, o *Libro de Mormón*, al canon de los que llamarían las escrituras autorizadas —"Las Cuatro Obras Modelos". La última mencionada es el tema de este capítulo, ya que ocupa un lugar central en la teología y en la historia mormonas, y por tanto debe examinarse cuidadosamente. Cierto número de eruditos y de organizaciones capaces han llevado a cabo y publicado una buena cantidad de investigación referente al *Libro de Mormón*, y yo me he servido de toda la información documentada y verificable que estaba disponible. La tarea de confirmar el material era enorme; de manera que he seleccionado aquella información comprobada más allá de toda duda, a la que se puede acceder en algunas de nuestras instituciones más eminentes del saber: la Universidad Stanford, el Seminario Teológico Unión, los departamentos de investigación de la Biblioteca del Congreso, la Biblioteca Pública de New York, y muchas otras.

Resulta difícil evaluar la compleja estructura del *Libro de Mormón*, e instamos al lector a considerar la bibliografía que se encuentra al final de este libro si desea realizar un estudio más profundo y exhaustivo.

### La historia del pueblo antiguo

El *Libro de Mormón* pretende ser la historia de dos antiguas civilizaciones que estaban situadas en el continente americano.

Según la versión mormona, el primero de estos grandes pueblos dejó la Torre de Babel (aproximadamente en el 2250 a.C. por el cálculo de los "Santos de los Ultimos Días"), cruzó Europa y emigró luego a la costa oriental de lo que ahora conocemos como Centroamérica.

El segundo grupo partió supuestamente de Jerusalén hacia el año 600 a.C.: antes de la destrucción de la ciudad y de la cautividad babilónica de Israel. Según el pensamiento tradicional mormón, dicho grupo cruzó el océano Pacífico y desembarcó en la costa oeste de Sudamérica. El *Libro de Mormón* es presuntamente una condensación de los momentos culminantes de esas civilizaciones. Su escritor fue un profeta llamado Mormón, y la obra constituye "la traducción del resumen de los anales de dichas civilizaciones" e "incluye un breve esbozo de la historia del primitivo pueblo jaredita; un resumen hecho por Moroni, hijo de Mormón, de la crónica de los jareditas encontrada durante el período de la segunda civilización".

Los jareditas fueron destruidos como resultado de su "corrupción" y castigados por su apostasía, sufriendo su civilización la aniquilación completa.

El segundo grupo, que llegó a América aproximadamente en el 600 a.C., eran judíos justos, y su jefe se llamaba Nefi. Con el tiempo este grupo tuvo una suerte semejante a la de los jareditas, dividiéndose en dos campos en guerra: los nefitas y los lamanitas (indios). Los lamanitas recibieron una maldición debida a sus malas obras que tomó la forma de una piel oscura.

La crónica mormona pretende que Cristo visitó el continente americano, se reveló a los nefitas, les predicó el evangelio, e instituyó entre ellos tanto el bautismo como la santa cena.

Lamentablemente los nefitas resultaron no ser contrincantes adecuados para los lamanitas, y fueron derrotados y aniquilados por éstos en una gran batalla cerca de la colina Cumora, en Palmyra, Nueva York, aproximadamente en el 385 d.C.

Unos 1.400 años más tarde, según los mormones, Joseph Smith hijo desenterró el resumen de Mormón que estaba escrito en jeroglíficos de egipcio reformado sobre planchas de oro, y con la ayuda del Urim y Tumim (anteojos sobrenaturales) lo tradujo del egipcio reformado al inglés, convirtiéndose así dicho resumen en el *Libro de Mormón*, el cual fue publicado en 1830 constando Joseph Smith hijo como "autor y propietario".

Para que no haya ninguna confusión, existen cuatro clases de planchas, las cuales fueron supuestamente reveladas a Smith: (1) las de Nefi, (2) las de Mormón, (3) las de Eter, y (4) un juego mencionado a lo largo de todo el *Libro de Mormón* y llamadas las "planchas de bronce" o planchas de bronce de Labán.

Las planchas de Nefi narraban mayormente la historia secular, aunque al parecer las "planchas menores de Nefi" consignaban acontecimientos sacros. El segundo grupo es un resumen de las planchas de Nefi que fue hecho por Mormón y que incluía sus comentarios y unas notas históricas adicionales de su hijo, Moroni. El tercer juego de planchas narraba la historia de los jareditas, también resumida por Moroni, quien añadió sus propios comentarios a ella; se conocen como *Libro de Eter*.

Por fin, el cuarto juego de planchas procedía supuestamente de Jerusalén y se presentaba en forma de extractos en las crónicas nefitas; dichas planchas son propensas a dar citas de las Escrituras y genealogías hebreas.

Joseph Smith recibió supuestamente las planchas de manos de Moroni, "un personaje resucitado", en el año 1827.

## Propósito del Libro de Mormón

El propósito del *Libro de Mormón* y su misión escapa por lo general a los teólogos cristianos, arqueólogos, y estudiantes de antropología, debido a las muchas dificultades que introduce a la luz de hechos ya probados; sin embargo, deberíamos considerar una explicación mormona del propósito del libro:

La fórmula que dice: "Por boca de dos o de tres testigos se decidirá todo asunto" (2 Corintios 13:1), es un principio legal divino y humano. La Biblia, su historia de los tratos y de las providencias de Dios con el hombre en el continente oriental, representa un testigo de la verdad; el *Libro de Mormón* es otro. Este último relata las providencias divinas en el asunto fundamental y sumamente importante de la redención, como también en las leyes de la naturaleza en general, e indica que tales provisiones no estaban limitadas o confinadas al mundo oriental. "De tal manera amó Dios al *mundo*" (Juan 3:16), no sólo a una parte de él, que ministró del mismo modo a favor de la raza que había en el gran continente occidental. Siendo este el foco de poderosas civilizaciones tenía derecho y participó del ministerio del Padre de la raza.

El propósito declarado del *Libro de Mormón* (en su introducción) es universal: dar testimonio al mundo de la verdad y la divinidad de Jesucristo, y de su misión salvadora por medio del evangelio que enseñó. Su testimonio es para judíos y gentiles. La casa de Israel rechazó a su Mesías, y como consecuencia fue desechada, esparcida, y su gobierno destronado. El evangelio que ellos rechazaron se predicó luego a los gentiles; desde entonces Israel ha permanecido en incredulidad con respecto a Cristo y sin el ministerio de hombres inspirados. La profecía bíblica habla con frecuencia de su restauración al favor divino en los últimos días, de su reunión y de su establecimiento permanente en Palestina, su antigua patria. También tanto la Biblia como las declaraciones del propio *Libro de Mormón*, predicen que éste —el libro sellado— sería una revelación confirmadora adicional de Dios acerca de Jesús el Mesías, y de los pactos hechos con los padres del pueblo. El *Libro de Mormón* predice repetidas veces la reunión, restauración y otras múltiples bendiciones para Israel. El Dios de ellos hará un "nuevo pacto" con ese pueblo, no el antiguo pacto mosaico, sino otro posterior por el cual será restablecido como nación en su tierra santa (véanse también Jeremías 31:34 y Ezequiel 20:33–38). El *Libro de Mormón* interpreta la profecía del Antiguo Testamento en cuanto a esto, al relatar las predicciones de sus hombres inspirados, y pretende ser parte del nuevo pacto con Israel.

El *Libro de Mormón* afirma ser el libro sellado de Isaías capítulo 29, pasaje que cita e interpreta, relatando que como resultado de su descubrimiento, Israel llegará a comprender el mensaje de salvación de Cristo; no temerá ya más, sino que estará seguro y en gran manera bendecido por el favor divino; que la aparición de su relato irá seguida de bendición física sobre Palestina para su redención de la esterilidad a la fertilidad, y hará posible que esa nación se mantenga como en los tiempos antiguos. Es un hecho que desde la aparición del libro aquella tierra ha sido bendecida. Ahora el país produce abundantemente, se permite que los judíos regresen y establezcan ciudades y unidades industriales y agrícolas allí, y según las predicciones del libro muchos judíos están empezando a creer en Cristo. Los patrocinadores del *Libro de Mormón* afirman que con tales predicciones cumplidas es ya demasiado tarde para que ninguna otra narración alcance un cumplimiento en las mismas proporciones.

El libro declara asimismo que los remanentes de los habitantes de la América antigua, esparcidos por la parte norte, central y sur del continente —los pueblos indios—, serán convertidos a la fe, y participarán de los pactos hechos con sus progenitores, mediante el descubrimiento de la narración; indica la salida de éstos de la condición primitiva a la ilustración; y afirma que las naciones gentiles que ocupan sus tierras favorecerán la emancipación de ellos de las condiciones degeneradas en que se encuentran. Esta es una parte del propósito del libro.

El Evangelio de San Juan contiene una declaración de Jesucristo que citan los creyentes en la divinidad del *Libro de Mormón*: "También *tengo otras ovejas que no son de este redil; aquéllas también debo traer, y oirán mi voz;* y habrá un rebaño, y un pastor" (10:16), quienes también se refieren a que Cristo dijo: "No soy enviado sino a las ovejas perdidas de la casa de Israel" (Mateo 15:24), y creen que ya que Jesucristo, según el relato, nunca apareció a los gentiles, y que "la salvación viene de los judíos", o de Israel (Juan 4:22), la promesa referente a las "otras ovejas" se cumplió con la aparición de Cristo a los nefitas.[12]

Para los mormones, por tanto, la Biblia predice el *Libro de Mormón*, y éste interpreta las profecías del Antiguo Testamento y pretende formar parte del nuevo pacto con Israel. También es supuestamente "otro testigo" de la verdad del evangelio cristiano. Lamentablemente para ellos, este testigo entra en conflicto muy a menudo con la revelación bíblica, como veremos más adelante. Resulta como mínimo una voluminosa suposición, injustificada por ninguna evidencia interna del libro o del testimonio de la ciencia y de la historia, el que el *Libro de Mormón* deba ser considerado como "parte del nuevo pacto" en ningún sentido.

## Pruebas científicas contra el Libro de Mormón

En un intento de confirmar y justificar las pretensiones del *Libro de Mormón*, la mayor autoridad del mormonismo, Joseph Smith hijo, su profeta, relataba un acontecimiento que, de ser verdad, añadiría un peso significativo a algunas de las afirmaciones que hacen en cuanto a su Biblia. Afortunadamente se trata de un hecho sobre el que existe una considerable evidencia.

Smith formuló su pretensión en el libro titulado *Perla de gran precio* (Joseph Smith, Historia 1:62–64, edición 1982), y vale la pena examinarla:

> . . . Comencé copiando los caracteres de las planchas, hasta un número considerable, y por medio del Urim y Tumim traduje algunos de ellos. . . el señor Martin Harris vino a nuestra casa, tomó

los caracteres que yo había dibujado fijándome en las planchas, y partió con ellos hacia la ciudad de Nueva York, lo que sucedió en relación con él y con los caracteres, me refiero a su propio relato de las circunstancias cuando volvió. Era el siguiente: "Fui a la ciudad de Nueva York, y presenté los caracteres con su traducción al profesor Charles Anthon, un caballero célebre por sus logros literarios. El profesor Anthon afirmó que la traducción era correcta, más que ninguna que él hubiera visto del egipcio. Entonces le mostré aquellos que todavía no estaban traducidos, y él dijo que eran egipcias, caldeas, asirias y árabes" (Sección 2, versículos 62, 63 y 64).

Por tanto, según Joseph Smith, Martin Harris, su colega, obtuvo del erudito profesor Charles Anthon, de la Universidad de Columbia, una confirmación de su traducción de los caracteres del jeroglífico en egipcio reformado que tenían las planchas que Moroni había puesto a su disposición. La dificultad que hay con la declaración de Smith es que el profesor Anthon nunca dijo nada parecido, y por fortuna así lo hizo saber en una extensa carta al señor E.D. Howe, quien realizó uno de los trabajos de investigación más completos sobre el profeta mormón y los orígenes del mormonismo existente. Howe jamás ha sido refutado, y por esa causa es temido y odiado por los historiadores de la secta y por no pocos mormones contemporáneos.

Después de conocer las afirmaciones de Smith referentes al profesor Anthon, el señor Howe escribió a éste a Columbia, y la carta que recibió en respuesta, y que aquí reproducimos sacada de la propia colección de Howe, es una porción clásica de evidencia que a los mormones les gustaría mucho que se olvidase.

Nueva York, 17 de febrero de 1834
Sr. E.D. Howe
Painseville, Ohio
Estimado caballero:
Esta mañana recibí su carta del 9 del presente a la que contesto sin pérdida de tiempo. Toda esa historia de que yo haya afirmado que la inscripción mormona son "jeroglíficos en egipcio reformado" *es totalmente falsa*.[13] Hace algunos años, un sencillo y aparentemente ingenuo campesino recurrió a mí con una nota del ahora

difunto doctor Mitchell de nuestra ciudad, pidiéndome que descifrara, a ser posible, un papel que me entregaría el granjero, y que el doctor Mitchell confesaba haber sido incapaz de comprender. Tras examinar dicho papel, pronto llegué a la conclusión de que *se trataba de una travesura, o quizás de una broma.* Cuando le pregunté al individuo cómo había obtenido el escrito, según puedo recordar, me contó que en el norte del estado de Nueva York se había desenterrado un "libro de oro" que consistía en varias planchas atadas entre sí con alambres del mismo metal, y junto con el libro ¡un enorme par de "anteojos de oro"! Dichos anteojos eran tan grandes que si una persona intentaba mirar por ellos tenía que dirigir sus dos ojos hacia uno sólo de los cristales, ya que dichos anteojos resultaban demasiado amplios para la anchura de la cara humana. Si alguien examinaba las planchas a través de esos anteojos, podía no sólo leerlas, sino también comprender plenamente su significado. Por aquel entonces, sin embargo, todo ese conocimiento estaba limitado a un joven que tenía en su sola posesión el cofre que contenía aquel libro y los anteojos. Dicho joven se encontraba situado detrás de una cortina, en la buhardilla de una granja, y así escondido de la vista de la gente, se ponía de cuando en cuando los anteojos —o mejor dicho, miraba a través de uno de los cristales de éstos—, descifraba los caracteres del libro, y después de escribirlos en un papel, pasaba copias de los mismos desde detrás de la cortina a los que se encontraban afuera. Sin embargo, no hizo ninguna mención en cuanto a que las planchas hubieran sido descifradas "mediante el don de Dios". De esta manera todo se llevaba a cabo con aquel gran par de anteojos. El campesino añadió que se le había pedido que contribuyera con cierta suma de dinero a la publicación del "libro de oro", cuyo contenido, le habían asegurado, produciría un cambio total en el mundo y salvaría a éste de la ruina. Tan urgentes habían sido los ruegos, que se proponía vender su granja y entregar la cantidad recibida a aquellos que deseaban publicar las planchas; no obstante, como paso previo de precaución, había resuelto venir a Nueva York y preguntar la opinión de los eruditos acerca del significado del papel que traía consigo y que se le había dado como parte del contenido del libro; aunque el joven de los anteojos no había suministrado aún ninguna traducción del mismo. *Al oír aquella extraña*

*historia cambié mi opinión acerca del papel, y en vez de verlo ya
como una broma que se hacía a los eruditos empecé a considerarlo
como parte de un plan para estafar al campesino su dinero, y puse
a éste al corriente de mis sospechas advirtiéndole que tuviera cuidado con los pícaros.* El me pidió que le diera mi opinión por
escrito, a lo cual, como es natural, me negué; y se despidió leván-
dose consigo el papel. *Ese papel era una singular mezcla de ga-
rabatos, y contenía todo tipo de caracteres torcidos dispuestos en
columnas. Había sido preparado evidentemente por alguien que
tenía ante sí en ese momento un libro con diversos alfabetos. En él
podían verse letras griegas y hebreas, cruces y adornos, caracteres
romanos invertidos o puestos de costado, colocados en columnas
perpendiculares, y todo ello acabado en el tosco bosquejo de un
círculo, el cual estaba dividido en varios compartimentos ador-
nados de diversas marcas extrañas, y evidentemente copiado del
calendario mexicano dado por Humboldt, aunque de tal manera
que no delatara su fuente de procedencia.* Estoy, por tanto, seguro
en cuanto al contenido del papel, puesto que he hablado frecuentemente acerca del mismo con mis amigos desde que comenzó el
alboroto mormón, y recuerdo bien que *en dicho papel había de
todo menos "jeroglíficos egipcios".* Algún tiempo después el mismo
granjero me hizo una segunda visita, trayendo consigo el libro de
oro ya impreso, y ofreció vendérmelo. Me negué a comprarlo; y
entonces él me pidió permiso para dejarme el libro a fin de que lo
examinase. Rehusé aceptarlo, aunque sus modales eran extra-
ñamente apresurados. Lo advertí nuevamente del timo que en mi
opinión había sufrido, e inquirí qué había sido de las planchas de
oro. El hombre me informó que se encontraban en un cofre junto
con el par de anteojos. Lo aconsejé que fuera a ver a un magistrado
e hiciese examinar dicho cofre; pero él respondió que la "maldición
de Dios" caería sobre él si lo hacía. No obstante, ante mi apremio
para que siguiese el curso de acción que le había recomendado,
expresó que abriría el cofre si yo tomaba sobre mí la "maldición
de Dios". Repliqué que lo haría con el mayor de los gustos, y que
estaba dispuesto a correr todos los riesgos de ese tipo con tal de
poder arrancarle de las garras de los rufianes. Entonces él se fue.

Acabo de darle a usted una declaración completa de cuanto sé
acerca del origen del mormonismo, y quisiera rogarle, como un

favor personal, que publique esta carta inmediatamente en caso de ver mi nombre mencionado otra vez por esos fanáticos.
Atentamente,
Charles Anthon, Doctor en Derecho
Universidad de Columbia

La carta del profesor Anthon es al mismo tiempo reveladora y devastadora en lo concerniente a la veracidad de Smith y Harris. También podríamos preguntar cómo pudo decir Charles Anthon que los caracteres que le mostraba Martin Harris y que habían sido aprobados por Joseph Smith como parte del material copiado de la revelación contenida en el *Libro de Mormón* eran "egipcio, caldeo, asirio y árabe", cuando el *Libro de Mormón* mismo declara que se trataba de "egipcio reformado", la lengua de los nefitas. Puesto que el idioma del *Libro de Mormón* no era conocido por "nadie más", ¿cómo podría concebirse que el profesor Anthon hubiera testificado en cuanto a la exactitud de la traducción de Smith? Hasta el presente, nadie ha logrado jamás encontrar la menor traza del idioma llamado "egipcio reformado", y todos los lingüistas que han examinado las pruebas presentadas por los mormones las han rechazado como ficticias.

## Evidencia arqueológica

El *Libro de Mormón* pretende describir el surgimiento y desarrollo de dos grandes civilizaciones. En cuanto al grado de grandeza de dichas civilizaciones, algunos extractos del libro mismo lo ilustran adecuadamente:

"toda la superficie del país estaba cubierta de edificios, y los habitantes eran casi tan numerosos como las arenas del mar" (Mormón 1:7).

". . . finas obras de madera, en edificios, en instrumentos, y también en hierro y cobre, bronce y acero; e hicimos herramienta de toda clase (Jarom 1:8 y 2 Nefi 5:15).

". . . granos. . . sedas. . . ganados. . . bueyes. . . vacas. . . ovejas. . . cerdos. . . cabras. . . caballos. . . asnos. . . elefantes" (Eter 9:17–19).

". . . se multiplicaron y se extendieron. . . empezaron a cubrir la superficie de todo el país, desde el mar del sur hasta el mar del norte, y desde el mar del oeste hasta el mar del este" (Helamán 3:8).

". . . habían perecido. . . dos millones [de jareditas]" (Eter 15:2).

". . . sus embarcaciones y construcción de barcos; y su edificación de templos, sinagogas y santuarios" (Helamán 3:14. Véase también 2 Nefi 5:15, 16, y Alma 16:13).

". . . hubo diez más que cayeron. . . cada uno con sus diez mil" (Mormón 6:10–15).

". . . espadas. . . cimitarras. . . corazas. . . broqueles. . . escudos. . . armadura" (Alma 43:18, 19; 3:5, y Eter 15:15).

"Y nos multiplicamos en sumo grado, esparciéndonos sobre la superficie de la tierra, y llegamos a ser sumamente ricos" (Jarom 1:8).

Véase 3 Nefi 8:9, 10, 14 y 9:4, 5, 6, 8, donde ciudades y habitantes se hundieron en las profundidades del mar y de la tierra.

Además de las citadas manifestaciones del *Libro de Mormón*, que indican la tremenda extensión de la cultura de esas razas, hay unas treinta y ocho ciudades catalogadas en la crónica mormona, prueba de que se trataba de veras de poderosas civilizaciones que deberían haber dejado —según todas las leyes de la investigación arqueológica de las culturas antiguas— grandes cantidades de "hallazgos" que evaluar; pero, como veremos, ese no es el caso. Los mormones todavía no han explicado el hecho de que los arqueólogos prominentes no sólo hayan repudiado las pretensiones del *Libro de Mormón* en cuanto a la existencia de dichas civilizaciones, sino que además hayan aducido pruebas considerables que demuestran la imposibilidad de los relatos presentados en la Biblia mormona.

El Reverendo R. Odell Brown, pastor de la Iglesia Metodista de Hillcrest, en Fredericksburg, Virginia, un ardiente estudioso del mormonismo y sus pretensiones, recibió la carta que transcribimos a continuación. El doctor Brown, durante el transcurso de su investigación, escribió al Departamento de Antropología de la Universidad de Columbia, en Nueva York, y la respuesta que le dieron es de gran importancia para probar el hecho de que el *Libro de Mormón* no es ni exacto ni verídico en lo que se refiere a las ciencias de la arqueología y de la antropología.

Estimado caballero:

Disculpe mi retraso en contestar su carta del 14 de enero de 1957. La pregunta que usted hace con relación al *Libro de Mormón* surge con bastante frecuencia... Sin embargo,... puedo decir que en mi opinión no hay ni una sola cosa de valor referente a la prehistoria de los indios americanos en el *Libro de Mormón*, y creo que la inmensa mayoría de los arqueólogos de los Estados Unidos estarían de acuerdo conmigo. Ese libro es falso bíblica, histórica y científicamente.

Referente al doctor Charles Anthon, de la Universidad de Columbia, no sé quien es, y ciertamente diferiría con su punto de vista como lo expresan los Santos de los Ultimos Días (mormones). Tampoco sé que relación puedan tener los jeroglíficos egipcios ni con el *Libro de Mormón* ni con la prehistoria de los indios americanos.

Muy atentamente,
Firmado: Wm. Duncan Strong

También la Institución Smithsonian, de Washington, ha unido su voz a aquellas que rechazan las pretensiones arqueológicas del *Libro de Mormón*. Difícilmente pueden los mormones permitirse el lujo de ignorar una fuente científica tan respetada.

1. La Institución Smithsonian nunca ha utilizado el *Libro de Mormón*, de la manera que fuere, como una guía científica. Nuestros arqueólogos no ven ninguna relación directa entre la arqueología del Nuevo Mundo y el tema del libro.

2. El tipo físico del indio americano es fundamentalmente mongoloide, y está relacionado en forma más estrecha con el de los pueblos del Asia oriental, central y septentrional. Las pruebas arqueológicas indican que los antepasados de los presentes indios llegaron al Nuevo Mundo —probablemente a través de un paso de tierra que se sabe existía en la región del estrecho de Bering durante el último período glacial— en una serie continua de pequeñas migraciones que comenzaron hace aproximadamente 25.000 o 30.000 años.

3. La evidencia actual indica que los primeros en llegar del Este al continente americano fueron los escandinavos; quienes alcanzaron la parte nororiental de Norteamérica aproximadamente en el año 1000 d.C. No hay nada que haga pensar que llegaran hasta México o América Central.

4. Una de las evidencias más importantes para apoyar el hallazgo científico de que los contactos con las civilizaciones del Viejo Mundo —si en verdad tuvieron lugar— fueron de muy poca importancia para el desarrollo de las sociedades indias americanas, es el hecho de que ninguna de las principales plantas de cultivo o de los principales animales domésticos del Viejo Continente (excepto el perro) se daba en el Nuevo Mundo en la época precolombina. Los indios americanos no tenían trigo, ni cebada, ni avena, ni mijo, ni arroz, ni ganado, ni cerdos, ni gallinas, ni caballos, ni asnos, ni camellos. . . antes de 1492. Los perros domésticos de los indios acompañaron a los antepasados de éstos desde el noroeste de Asia. Las batatas cultivadas podían encontrarse en ambos hemisferios, pero probablemente se originaron en el Nuevo Mundo extendiéndose luego allí al Pacífico.

5. El hierro, el acero, el vidrio y la seda, no se utilizaron en el Nuevo Continente antes de 1492 (excepto en el caso del uso incidental de hierro sin fundir procedente de algún meteorito). Las pepitas de cobre puro se empleaban en varios lugares en época precolombina; pero la verdadera metalurgia estaba limitada al sur de México y a la región de los Andes, donde su aparición, al final de los tiempos prehistóricos, incluía el oro, la plata, el cobre y sus aleaciones, pero no el hierro.

6. Existe la posibilidad de que la difusión de los rasgos culturales a través del Pacífico hasta Mesoamérica y la costa noroeste de América del Sur comenzara varios cientos de años antes de la era cristiana. Sin embargo, cualquiera de esos contactos interhemisféricos habría sido el resultado de viajes accidentales originados en el este o el sur de Asia; y no puede asegurarse en modo alguno que tales contactos existieran. Desde luego, no hubo contactos con los antiguos egipcios, hebreos ni otros pueblos del Asia Occidental o del Cercano Oriente.

7. Ningún egiptólogo de renombre, u otro especialista en arqueología del Viejo Mundo, como tampoco experto alguno en la prehistoria del Nuevo Mundo, ha descubierto o confirmado ninguna relación entre los restos arqueológicos de México y los de Egipto.

8. Con frecuencia han aparecido en periódicos, revistas, y libros sensacionalistas, noticias de descubrimientos de escritos egipcios, hebreos u otros, del Viejo Mundo, en contextos precolombinos; pero ninguna de tales pretensiones ha resistido el examen de los expertos reconocidos. No ha podido demostrarse que se diera en parte alguna de Amé-

rica, antes de 1492, ninguna inscripción con las formas de escritura del Viejo Continente.
Verano de 1979

Basándonos en esta evidencia, resulta obvio que las ciudades mencionadas en el *Libro de Mormón* son imaginarias, que los elefantes jamás existieron en este continente, y que los metales que se describen nunca se han encontrado en ninguna de las regiones en las que había civilizaciones contemporáneas en el Nuevo Mundo. No se trata aquí de un teólogo que intenta desacreditar a los mormones sobre la base de su doctrina, sino de reconocidos expertos en arqueología que impugnan el *Libro de Mormón* porque sus relatos no concuerdan con los hallazgos de la ciencia. Por lo general, los misioneros mormones se muestran reacios a discutir estos aspectos cuando la evidencia es bien conocida; pero se trata de una evidencia real, y procedente de las fuentes más autorizadas.

## El factor mongoloide

Una de las principales aseveraciones de la teología mormona es que los indios norteamericanos descienden de los lamanitas, y que son de raza semítica, o sea, de origen judío. Como ya hemos visto se trata de una pretensión general de la literatura de los mormones; y si pudieran aducirse pruebas que demostrasen que es imposible que dichos indios sean de extracción semítica, toda la historia de Nefi y de su viaje a América en el año 600 a.C. resultaría falsa.

Es por tanto de considerable valor saber que en los descubrimientos recopilados por los antropólogos y los especialistas en genética, los diversos factores físicos de las razas mediterráneas de las que nace la judía o semítica tienen poco o ningún parecido con los de los indios norteamericanos. Genotípicamente hablando, existe, por tanto, escasa correlación —si es que hay alguna—; y en cuanto al fenotipo, se considera que los indios de Norteamérica son de extracción *mongoloide* y no caucásicos mediterráneos.

Ahora bien, si los lamanitas, como cuenta el *Libro de Mormón*, eran descendientes de Nefi —un judío del tipo caucásico mediterráneo—, entonces sus hijos, indios norteamericanos, tendrían por necesidad que poseer el mismo factor genotípico sanguíneo; y en cuanto a su fenotipo, o características aparentes, sería el mismo. Sin embargo, ese no es el caso en absoluto. Por el contrario, el indio norteamericano —según dicen los antropólogos— no es de origen semítico, y tiene las características fenotípicas claras del mongoloide. Un estudio a fondo de la antropología y escritores tales como W. C. Boyd (The Contributions of Genetics to Antropology —La contribución de la genética a la antropología) y Bentley Grass (el talentoso genetista de la Universidad Johns Hopkins), revelan que las pretensiones mormones basadas en su *Libro de Mormón* están en desarmonía con los descubrimientos de los genetistas y antropólogos; simplemente no hay fundamento alguno para afirmar que los indios norteamericanos (lamanitas, según los mormones) tengan ninguna relación con la raza a la que supuestamente pertenecía Nefi, un semita.

## Correcciones, contradicciones y errores

Hay una gran riqueza de información en cuanto al material contenido en el *Libro de Mormón* y a los diversos plagios, anacronismos, falsas profecías y otras prácticas que se relacionan con dicho material; por lo tanto, lo más que podemos hacer es dar una versión condensada de lo que se ha documentado en forma más completa.

Desde la publicación del *Libro de Mormón* en 1830, la primera edición de éste ha pasado por una amplia "corrección" destinada a ponerlo en su forma actual. Habría que destacar algunas de las "correcciones" que se han hecho en él.

1. En el libro de Mosíah, capítulo 21, versículo 28, se declara que "el rey Mosíah tenía un don de Dios"; sin embargo, en la edición original el nombre de ese rey era Benjamín, un descuido que los considerados escribas mormones corrigieron. Naturalmente, no se trata aquí de un error tipográfico, ya que existe poca semejanza entre los nombres de Benjamín y Mosíah; de modo que parece ser que o bien Dios cometió una equivocación al inspirar el relato de Joseph Smith, o fue éste quien incurrió en ella al traducirlo. Pero los mormones no admiten ni lo uno ni lo otro; de

manera que, por así decirlo, permanecen atrapados en la contradicción.

2. Cuando se compara 1 Nefi 19:16–20:1 con el mismo pasaje en la edición de 1830, salen a la luz más de cincuenta cambios llevados a cabo en el "inspirado *Libro de Mormón*": palabras suprimidas, ortografía corregida y vocablos y fraseología añadidos o cambiados por completo. ¡Qué modo tan extraño de tratar una revelación inspirada por Dios!

3. En el libro de Alma 28:14–29:11, pueden contarse más de cincuenta cambios respecto de la edición original; y en la página 303 de esta última se ha suprimido la frase: "Sí, mándales que los decretos que son inalterables..." (véase Alma 29:4).

4. En la página 25 de la edición de 1830, el *Libro de Mormón* declara: "Y el ángel me dijo: He aquí el Cordero de Dios; sí, el Padre eterno". Sin embargo, en 1 Nefi 11:21, las ediciones posteriores del libro rezan: "¡He aquí el Cordero de Dios, sí, el Hijo del Padre eterno!"

5. La Iglesia Católica Romana debería estar encantada con la página 25 de la edición original del *Libro de Mormón*, ya que confirma uno de sus dogmas, es decir, que María es la madre de Dios: "He aquí que la virgen que ves es la madre de Dios".

Al darse cuenta de este desafortunado desliz dentro de la teología romanista, los considerados redactores mormones han cambiado 1 Nefi 11:18 para que diga: "He aquí, la virgen que tú ves será, según la carne, la madre del Hijo de Dios".

Por lo anterior, que constituye sólo un puñado de ejemplos de cerca de los 4.000 cambios de palabras que pueden encontrarse en el *Libro de Mormón* —algunos efectuados en una época tan reciente como el año 1981—, el lector puede ver que éste no debe aceptarse en ningún sentido como la Palabra de Dios. La Biblia dice: "La palabra del Señor permanece para siempre" (1 Pedro 1:25); y nuestro Salvador declaró: "Santifícalos en tu verdad; tu palabra es verdad" (Juan 17:17).

El relato de la Escritura tiene un timbre de verdad. Por el contrario, el *Libro de Mormón* es claramente falso en demasiados puntos para considerarlo como mera coincidencia.

Además de la evidencia de las distintas revisiones, el *Libro de Mormón* contiene plagios de la versión inglesa *King James* de la

Biblia, anacronismos, falsas profecías y errores que no pueden desestimarse. Algunos de ellos se repiten, aunque son bien conocidos de los estudiosos del mormonismo.

El testimonio de los tres testigos que aparece en la primera parte del *Libro de Mormón* (Oliver Cowdery, David Whitmer y Martin Harris) declara "que un ángel de Dios bajó del cielo, y que trajo y puso las planchas ante nuestros ojos, de manera que las vimos y contemplamos, así como los grabados que contenían".

Es bastante notable que Martin Harris, en su conversación con el profesor Anthon referente al material "traducido" de esas planchas milagrosas, negara haberlas visto en realidad; de hecho, cuando se le presionó, afirmó haberlas contemplado únicamente con "los ojos de la fe", lo cual es bastante distinto de la revelación por medio de un mensajero angélico.

Los mormones detestan admitir que los tres testigos más tarde apostataron de la fe de la secta y fueron calificados con los términos menos halagadores ("ladrones y falsificadores") por sus correligionarios contemporáneos.

Un examen cuidadoso de la literatura mormona primitiva revela también que Joseph Smith y su hermano Hyrum escribieron tres artículos en contra del carácter de los testigos del *Libro de Mormón*, lo cual, en sí, convierte en sospechoso el testimonio de éstos.

## Plagios de la Biblia

Según un cuidadoso estudio realizado del *Libro de Mormón*, éste contiene por lo menos 25.000 palabras de la Biblia. De hecho, las citas literales de la versión inglesa *King James* —algunas de considerable longitud— han causado un interminable sonrojo a los mormones durante muchos años.

La comparación de Moroni capítulo 10 con 1 Corintios 12:1–11, de Nefi 14 con Isaías 4, y de 2 Nefi 12 con Isaías 2, muestra que Joseph Smith utilizó frecuentemente la Biblia para suplementar la pretendida "revelación" de las planchas de oro. En el *Libro de Mormón*, Mosíah capítulo 14 es una reproducción del capítulo 53 del profeta Isaías, y 3 Nefi 13:1–18 copia de Mateo 6:1–23.

Los mormones sugieren ingenuamente que Cristo, cuando apareció como dicen en el continente americano después de su resurrección y predicó a los nefitas, utilizó con toda naturalidad el mismo lenguaje registrado en la Biblia; y también que cuando Nefi vino a América trajo consigo copias de las Escrituras hebreas, lo cual explica las citas del Antiguo Testamento. La única dificultad que presentan estas excusas es que las planchas milagrosas sobre las cuales fueron todas ellas inscritas, de un modo u otro, al ser traducidas salieron en inglés de la versión *King James*, sin variación alguna, aproximadamente mil años antes de que ésta se escribiera en 1611. Tales razonamientos por parte de los mormones exceden los límites de la ingenuidad, y nadie más que ellos están dispuestos a creerlos.

Hay otros ejemplos de plagio de la versión *King James*, que incluyen paráfrasis de ciertos versículos. Uno de dichos versículos (1 Juan 5:7) está reproducido en 3 Nefi 11:27, 36. La única dificultad con esta paráfrasis reside en que los eruditos consideran el texto como una interpolación ausente de todos los manuscritos principales del Nuevo Testamento, pero presente en la versión *King James* de la Biblia, de la que Smith la parafraseó no sabiendo la diferencia.

Otro ejemplo de este tipo de error se encuentra en 3 Nefi 11:33, 34, y es casi una cita directa de Marcos 16:16, un pasaje que muchos eruditos del Nuevo Testamento griego consideran que un escriba excesivamente fervoroso añadió al Evangelio. Pero Joseph Smith tampoco estaba al corriente de esto, de modo que incluso copió los errores de traducción (otra prueba de que ni él ni las supuestas planchas de oro fueron inspirados por Dios).

Hay dos ejemplos más de plagio de la versión *King James* dignos de mención, los cuales ha perjudicado a sus propios autores. En el tercer capítulo del libro de los Hechos, el clásico sermón de Pedro en Pentecostés parafrasea Deuteronomio 18:15–19; y al escribir 3 Nefi, Joseph Smith pone la paráfrasis del apóstol en boca de Cristo cuando éste estaba supuestamente predicando a los nefitas. El profeta pasó por alto el hecho de que en la época en que se pretende que Jesús pronunció su sermón, dicho sermón no había sido aún predicado por Pedro.

Además de esto, 3 Nefi hace que Cristo aparezca como un mentiroso, cuando en el capítulo 20, versículo 23, atribuye a Moisés las palabras de Pedro como si fueran una cita directa; mientras que, como ya hemos señalado, éste parafraseó la cita de Moisés y los términos que emplea son bastante diferentes. Pero Joseph Smith no comprobó lo suficiente, y de ahí su notorio error.

En segundo término, el *Libro de Mormón* sigue el error de la versión *King James*, la cual traduce Isaías 4:5 como: "Porque sobre toda la gloria habrá un amparo" (véase 2 Nefi 14:5).

Las traducciones más modernas de Isaías señalan que este versículo debería verterse: "Porque sobre toda gloria habrá un dosel", no un amparo. La palabra hebrea *chuppah* no significa amparo, sino cortina protectora o dosel. Naturalmente, Smith no sabía esto, como tampoco los traductores de la Biblia *King James* de cuyo trabajo copió.

Hay muchos otros sitios en los cuales aparecen tales errores; incluso la insistencia de Smith en el libro Abraham 1:20 sobre que "Faraón significa rey de sangre real"; cuando en realidad el diccionario define el término "faraón" como "una gran casa o palacio".

La Biblia al Día traduce Isaías 5:25 de la siguiente manera: "Los cadáveres podridos de su pueblo serán echados como basura a las calles", vertiendo así correctamente la palabra hebrea *suchah* como "basura" y no como "destrozados". La versión *King James* por el contrario, traduce el pasaje: "Y sus cadáveres fueron destrozados en medio de las calles"; y el *Libro de Mormón* (2 Nefi 15:25) repite las palabras de dicha versión una por una, inclusive la traducción errónea de *suchah*, lo cual anula cualquier pretensión de que haya de ser tomado en serio como material de fiar.

## Anacronismos y contradicciones

El *Libro de Mormón* no sólo plagia en gran escala la versión *King James* de la Biblia, sino que también revela una falta de información y de conocimientos en lo referente a la historia universal y a aquella del pueblo judío. Al parecer, los jareditas disfrutaban de ventanas con cristales en las milagrosas barcas en que cruzaron el océano; y Nefi conocía tanto el "acero" como el "compás", a pesar de no haberse inventado todavía ni lo uno ni lo otro, lo cual demuestra una vez más que Joseph Smith era un mal estudiante de la historia y de las costumbres hebreas.

Labán, uno de los personajes del *Libro de Mormón* (1 Nefi 4:9), hace uso de una espada de acero; y Nefi mismo pretende haber tenido un arco del mismo metal (los mormones justifican esto citando el Salmo 18:34 de la versión *King James* en una nota al pie de la página; sin embargo, las traducciones modernas de la Escritura indican que la palabra traducida por acero en el Antiguo Testamento, ya que dicho metal todavía no existía, se vierte más adecuadamente como bronce).

A veces los mormones intentan defender el hecho de que Nefi poseía un compás (instrumento inexistente en aquel entonces) señalando que Hechos 28:13 —nuevamente en la versión *King James*— afirma: "Y desde allí tomamos un compás". Las traducciones modernas de la Escritura, no obstante, rechazan este subterfugio traduciendo correctamente: "De allí, costeando alrededor. . . ."

Además de los anacronismos precedentes, tenemos el hecho de que el *Libro de Mormón* no sólo contradice la Biblia, sino también otras revelaciones supuestamente venidas del mismo Dios que inspiró su propia Escritura. La Biblia declara que el Mesías de Israel habría de nacer en Belén (Miqueas 5:2), y el Evangelio de Mateo, capítulo 2, versículo 1, relata el cumplimiento de esta profecía; sin embargo, el *Libro de Mormón* afirma: "El Hijo de Dios viene sobre la faz de la tierra. Y he aquí, nacerá de María, en Jerusalén, que es la tierra de nuestros antepasados" (Alma 7:9, 10).

El *Libro de Mormón* describe Jerusalén como una ciudad (1 Nefi 1:4), al igual que lo era Belén; por tanto, la contradicción es irreconciliable.

También se citan una serie de ejemplos en los cuales Dios no está de acuerdo consigo mismo, si es que se pueda aceptar que El tuvo algo que ver con la inspiración del *Libro de Mormón*, *Perla de gran precio,* las *Doctrinas y convenios*, y las demás declaraciones registradas de Joseph Smith.

En el *Libro de Mormón*, por ejemplo (3 Nefi 12:2 y Moroni 8:11), la remisión de pecados es consecuencia del bautismo: "Sí benditos son los que. . . fueren bautizados, porque. . . recibirán la remisión de sus pecados. . . . He aquí, el bautismo es para arrepentimiento a fin de cumplir los mandamientos con objeto de que haya remisión de pecados"; sin embargo, en *Doctrinas y convenios* (sección 20, versículo 37), se afirma exactamente lo contrario:

"todos los que se humillen . . . y verdaderamente manifiestan por sus obras que han recibido del espíritu de Cristo para la remisión de sus pecados, serán recibidos en su iglesia por el bautismo".

Este mensaje de los lugares celestiales en particular casi provocó un motín en la iglesia mormona, y los teólogos de la secta omiten visiblemente cualquier discusión seria de la contradicción.

Pero Joseph Smith no limitó sus contradicción al bautismo; ciertamente la poligamia es un ejemplo clásico de algunas de sus maniobras: "Dios ordenó a Abrahán, y dióle Sara a Agar por esposa a Abrahán. ¿Por qué lo hizo? Porque era la ley; y de Agar nació mucha gente. . . . Vé, pues, y haz las obras de Abrahán; acepta mi ley, y serás salvo" (*Doctrinas y convenios*, 132:34, 32).

Por otro lado, el *Libro de Mormón* afirma categóricamente:

Por tanto, yo, el Señor Dios, no permitiré que los de este pueblo hagan como hicieron los de la antigüedad. . . . Pues entre vosotros ningún hombre deberá tener sino una esposa, y concubinas no tendrá. Porque yo, el Señor Dios, me deleito en la castidad de las mujeres (Jacob 2:26–28).

Al parecer Joseph Smith podía fabricar revelaciones a voluntad, según los deseos que tuviese. En el último caso, su reputación y subsiguientes acciones indican que el sexo fue el factor que lo motivó.

Un ejemplo final de la confusión creada entre el *Libro de Mormón* y las otras revelaciones "inspiradas", puede verse en el conflicto existente entre dos obras de *Perla de gran precio:* el *Libro de Moisés* y el *Libro de Abrahán*. El primero declara:

Soy el Principio y el Fin, el Dios Omnipotente; he creado estas cosas por medio de mi Unigénito; sí, en el principio hice los cielos y la tierra sobre la cual estás (Moisés 2:1).

Mientras que el *Libro de Abrahán* rechaza esta perspectiva monoteísta y afirma:

Entonces el Señor dijo: Descendamos. Descendieron, pues, en el principio; y ellos, esto es, los Dioses, organizaron y formaron los cielos y la tierra (Abrahán 4:1).

Cómo es posible reconciliar estas dos declaraciones supuestamente iguales de la revelación mormona resulta algo incomprensible para el autor; y los "santos" mismos parecen reacios a suministrar cualquier información concreta.

El asunto de las falsas profecías en el mormonismo ha sido tratado adecuadamente en varios libros excelentes; pero debería señalarse que Joseph Smith recurrió mucho a los artículos publicados tanto en periódicos como en revistas. De hecho, una de sus famosas profecías en cuanto a la Guerra Civil Americana está sacada principalmente de material publicado en el estado de Nueva York por aquel entonces.

En *Doctrinas y convenios*, sección 87, Smith declaraba:

> Con la rebelión de Carolina del Sur... los estados del Sur recurrirán a otras naciones, incluso a Gran Bretaña... y entonces la guerra será derramada sobre todos los países.... Y... los esclavos se levantarán contra sus señores... y... los remanentes... hostigarán a los gentiles con doloroso hostigamiento.

Aunque la Guerra Civil estalló realmente algunos años después de la muerte de Smith (1844), Inglaterra no se vio implicada en un conflicto con los Estados Unidos ni "todos los países" estuvieron envueltos como se había profetizado. Los esclavos tampoco se levantaron contra "sus señores", y los "remanentes" —los indios— fueron hostigados ellos mismos por los gentiles, derrotados en guerra y confinados a las reservas.

En cuanto a esto Joseph Smith resultó ser un profeta sumamente ineficiente, como lo fue también cuando en *Doctrinas y convenios* 124:22, 23 y 59, predijo que él poseería la casa que había construido en Nauvoo "por los siglos de los siglos".

El hecho es que ni Joseph Smith ni su simiente "después de él" vivieron "de generación en generación" en la casa de Nauvoo, la cual fue destruida tras la muerte de Smith. Los mormones entonces se trasladaron a Utah.

Este y otros ejemplos indican que Joseph Smith no sólo fue un mal escriba, sino también un falso profeta; y que su profecía referente a la restauración de Israel a Palestina revela claramente que él esperaba el Milenio en sus días, mientras que en realidad la profecía de Ezequiel 37 empezó a cumplirse en 1948, más de cien años después de la muerte de Smith.

Al resumir el trasfondo del *Libro de Mormón* surge muy naturalmente la pregunta: ¿De dónde vino dicho libro, puesto que es obvio
que no fue de Dios? La contestación a esta pregunta ha sido ex-
puesta detalladamente por numerosos estudiosos del mormonismo; y en particular por E. D. Howe, Pomeroy Tucker y William
A. Linn.

Todos estos expertos coinciden en que el *Libro de Mormón* es
probablemente una expansión de los escritos de Solomon Spaulding, pastor retirado al que se conoce como autor de una serie de
"romances", con trasfondo bíblico, parecidos a los de la obra de
Smith. A los mormones les encanta señalar que uno de los manuscritos de Spaulding, titulado "Historia manuscrita", fue descubierto en Hawaii hace más de cien años y difería en muchos
aspectos del *Libro de Mormón*. Sin embargo, en su excelente volumen *The Book of Mormon?* (¿Libro de Mormón?), el doctor James
D. Bales hace la siguiente observación, que es de gran importancia
y está de acuerdo en todos los detalles con la investigación que he
llevado a cabo durante la última década:

> Se ha discutido durante mucho tiempo que existe una conexión
> entre el *Libro de Mormón* y uno de los romances históricos de
> Salomón Spaulding. Naturalmente, los Santos de los Ultimos
> Días niegan dicha conexión.
>
> ¿Qué implicaría el que los mormones tuvieran razón y no exis-
> tiese ninguna relación entre el *Libro de Mormón* y los escritos de
> Spaulding? Simplemente que los que propugnan dicha tesis están
> equivocados. No prueba nada, sin embargo, respecto a la cuestión
> de si el *Libro de Mormón* es o no de origen divino. Uno podría
> equivocarse en cuanto a qué hombre u hombres escribieron el
> *Libro de Mormón* y, no obstante, saber que dicho libro no fue
> escrito por hombres inspirados por Dios. Se puede demostrar fá-
> cilmente que el *Libro de Mormón* es de origen humano. Después
> de todo, de eso es de lo que se trata. La cuestión fundamental no
> es *qué* hombre u hombres lo escribieron, sino si éstos fueron guia-
> dos por Dios. Sabemos que dicho libro fue escrito por hombres,
> quienesquiera que hayan sido, y que no contaban con la guía
> divina.
>
> Una ilustración de esto puede ser *Science and Health with Key
> to the Scriptures* (Ciencia y salud con clave para las Escrituras),
> el libro de texto de las Iglesias de la Ciencia Cristiana. La señora
> Eddy reclama su paternidad literaria bajo la dirección de Dios;
> mientras que otros afirman que ella refundió y amplió un ma-
> nuscrito del señor Quimby, como la evidencia parece demostrar.

Pero ¿que pasaría si los que sostienen tal cosa no pudieran probar su argumento? ¿Demostraría eso que el libro había sido inspirado por Dios? De ninguna manera; lo único que probaría sería que el manuscristo de Quimby no había tenido nada que ver con el mismo, y no que no lo hubiese escrito algún ser sin inspiración divina.

Sin considerar qué hombre u hombres escribieron *Science and Health*, este es un libro de origen humano y no divino. De igual manera, el *Libro de Mormón* sería de procedencia humana, y no inspirado, aunque no pudiera probarse quién fue su autor en particular.

El argumento no es que todo el *Libro de Mormón* haya sido escrito por Spaulding, ni que por tanto fuera él quien introdujo las porciones teológicas; dichas porciones llevan la marca de Smith, Cowdery y Sidney Rigdon (véase la prueba presentada en *The True Origin of the Book of Mormon* (El verdadero origen del *Libro de Mormón*), págs. 126 ss., de Shook). Se mantiene, sin embargo, que algunas cosas —incluyendo una buena cantidad de Escrituras— se añadieron a uno de los manuscritos de Spaulding, y su obra fue así transferida al *Libro de Mormón*. Véase al respecto el testimonio de John Spaulding, hermano de Solomon, y Martha Spaulding, esposa de éste, quienes sostienen que la porción histórica era de su hermano y de su esposo respectivamente, (E. D. Howe, *Mormonism Unveiled* —El mormonismo al descubierto—, 1834, págs. 278 ss.; Shook, *The True Origin of the Book of Mormon* —El verdadero origen del *Libro de Mormón*—, págs. 94 ss.).

*Los mormones sostienen que el descubrimiento de uno de los manuscritos de Spaulding demuestra que dicho manuscrito no sirvió de base para el Libro de Mormón.*

"Con esto quiero declarar que el manuscrito de Spaulding fue descubierto en 1884, y que actualmente se encuentra en la biblioteca de la Universidad Oberlin, Ohio. Al examinar dicho manuscrito, se halló que no presentaba ningún parecido en absoluto con el *Libro de Mormón*; por tanto, jamás debería mencionarse nuevamente —fuera de un museo— la teoría de que Solomon Spaulding haya sido el autor del citado *Libro de Mormón*" (William A. Morton, *op. cit.*, pág. 6).

En el párrafo anterior hay tres errores: que Spaulding no escribió más que un manuscrito; que el manuscrito descubierto en 1884 fue el que los no mormones consideraban había supuesto la base del *Libro de Mormón*; y que el manuscrito que se encuentra en Oberlin no presente ningún parecido en absoluto con el *Libro de Mormón*.

(a) *Spaulding escribió más de un manuscrito*. Eso lo mantenían D. P. Harlburt y Clark Braden antes de hallarse el manuscrito de Honolulú (Charles A. Shook, *op. cit.*, pág. 77). También la hija de Spaulding testificó que su padre había escrito otros "romances" (Anciano George Reynolds, *The Myth of the "Manuscript Found"* —El mito del "Manuscrito encontrado"—, Utah, 1833, pág. 104). La presente historia manuscrita tiene el aspecto de un primer borrador tosco e inacabado.

(b) *El manuscrito descubierto en Honolulú se llamaba "Historia de un manuscrito", y no "El manuscrito encontrado",* y estaba en manos de antimormones en 1834. Sin embargo, éstos no pretendían que fue ese el manuscrito que había servido de base para el *Libro de Mormón;* más bien se afirmaba que otro manuscrito de Spaulding había constituido dicha base (Charles A. Shook, *op. cit.*, págs. 77, 15, 185. El *Manuscrito encontrado o La Historia de un manuscrito*, del fallecido pastor Solomon Spaulding, Lamoni, Iowa: impreso y publicado por la Iglesia de Jesucristo de los Santos de los Ultimos Días Reorganizada, 1885, pág. 10).

(c) Aunque la *Historia de un manuscrito* no se ha considerado que fue lo mismo que el *Manuscrito encontrado* —el cual constituyó la base para el *Libro de Mormón*—, existe un parecido entre ella y la obra de Joseph Smith. Esos puntos de semejanza pueden explicarse suponiendo que la *Historia de un manuscrito* fue el primer borrador de uno de los libros de Spaulding, el cual su autor refundió después en el *Manuscrito encontrado*.

En 1834, Howe publicó una sinopsis imparcial del manuscrito de Oberlin, ahora en dicho lugar (Howe, *Mormonism Unveiled* —El mormonismo al descubierto—, pág. 288), y presentó el original a los testigos, quienes dieron testimonio en cuanto a los muchos puntos de identidad que había entre el *Manuscrito encontrado* de Spaulding y el *Libro de Mormón*. Esos testigos, luego (en 1834) reconocieron el manuscrito obtenido por Harlburt y ahora en Oberlin como uno de los de Spaulding, pero no como aquel que ellos habían afirmado era semejante al *Libro de Mormón*; además, dijeron que Spaulding les había puesto al corriente de que había alterado su plan original de escribir volviendo más atrás en sus fechas y en el estilo bíblico antiguo para que su historia pareciera más vieja" (Howe, *Mormonism Unveiled* —El mormonismo al descubierto—, pág. 288; Theodore Schroeder, *The Origin of the Book of Mormon, Re-Examined in Its Relation to Spaulding's "Manuscript Found"* —El origen del *Libro de Mormón,* reexaminado en su relación con el "Manuscrito encontrado" de Spaulding—, pág. 5).

Este testimonio es corroborado por el hecho de que hay muchos puntos de semejanza entre el manuscrito conservado en la Universidad Oberlin y el *Libro de Mormón*.[14]

Queda entonces bien demostrado por la hitoria que los mormones han intentado utilizar un manuscrito —que según ellos mismos admiten *no* es el mismo del cual más tarde Smith copió y amplió el texto de lo que ahora se conoce como el *Libro de Mormón*— como base para negar lo que afirmaron testigos oculares, es decir, que Joseph Smith se sirvió de otro manuscrito de Spaulding (*Manuscrito encontrado*) para inventarse la Biblia mormona.

El doctor Bales tiene razón cuando afirma:

> Hay demasiados puntos de similitud como para que no tengan importancia; por tanto, la evidencia interna, combinada con el testimonio de los testigos según se presenta en el libro de Howe y se reproduce en el de Shook, muestran que Spaulding revisó la *Historia manuscrita*. Esta revisión fue conocida luego como el *Manuscrito encontrado*, y se convirtió en la base del *Libro de Mormón* por lo menos en sus partes históricas; aunque también sus referencias religiosas constituyeron en parte el germen de las porciones doctrinales de la obra de Smith.
>
> Sin embargo, tanto en la conversación ordinaria como en el debate público acerca del *Libro de Mormón* no es necesario entrar en la cuestión de quién lo escribió; lo que realmente importa es si dicho *Libro de Mormón* es de origen divino. Hay algunos mormones que parecen creer que si son capaces de demostrar que el manuscrito de Spaulding no tuvo nada que ver con el *Libro de Mormón*, habrán hecho un gran avance en cuanto a demostrar que éste fue inspirado por Dios; sin embargo, ese no es el caso, y uno debe probar, apelando a la Biblia y al mismo *Libro de Mormón*, que dicho libro no es de origen divino.[15]

No olvidemos que la misma *Historia de un manuscrito* contiene por lo menos setenta y cinco similitudes con lo que ahora es el *Libro de Mormón*, lo cual no resulta posible justificar fácilmente.

Por último, los estudiosos del mormonismo deben, en último análisis, valorar su contenido por el de la Escritura; y una vez hecho esto, descubrirán que no habla conforme "a la ley y al testimonio" (Isaías 8:20), y que debe desecharse como una revelación fraudulenta doblemente condenada por Dios mismo (Gálatas 1:8, 9).

La Palabra de Dios describió perfectamente (como se merecía) a Joseph Smith, autor de esta "revelación", casi 3.300 años antes de que apareciera. Sería provechoso que los mormones recordasen este mensaje:

Cuando se levantare en medio de ti profeta, o soñador de sueños, y te anunciare señal o prodigios, y si se cumpliere la señal o prodigio que él te anunció, diciendo: Vamos en pos de dioses ajenos, que no conociste, y sirvámosles; no darás oído a las palabras de tal profeta, ni al tal soñador de sueños; porque Jehová vuestro Dios os está probando, para saber si amáis a Jehová vuestro Dios con todo vuestro corazón, y con toda vuestra alma.

En pos de Jehová vuestro Dios andaréis; a él temeréis, guardaréis sus mandamientos y escucharéis su voz, a él serviréis, y a él seguiréis.

Tal profeta o soñador de sueños ha de ser muerto, por cuanto aconsejó rebelión contra Jehová vuestro Dios que te sacó de tierra de Egipto y te rescató de casa de servidumbre, y trató de apartarte del camino por el cual Jehová tu Dios te mandó que anduvieses; y así quitarás el mal de en medio de ti.

Si te incitare tu hermano, hijo de tu madre, o tu hijo, tu hija, tu mujer o tu amigo íntimo, diciendo en secreto: Vamos y sirvamos a dioses ajenos, que ni tú ni tus padres conocisteis, de los dioses de los pueblos que están en vuestros alrededores, cerca de ti o lejos de ti, desde un extremo de la tierra hasta el otro extremo de ella; no consentirás con él, ni le prestarás oído; ni tu ojo le compadecerá, ni le tendrás misericordia, ni lo encubrirás, sino que lo matarás; tu mano se alzará primero sobre él para matarle, y después la mano de todo el pueblo.

Le apedrearás hasta que muera, por cuanto procuró apartarte de Jehová tu Dios, que te sacó de tierra de Egipto, de casa de servidumbre (Deuteronomio 13:1–10).

Por tanto, el *Libro de Mormón* representa un desafío a la Biblia, ya que añade a la Palabra de Dios y a su única revelación; y el castigo para tal acción es tan solemne como terrible.

Yo testifico a todo aquel que oye las palabras de la profecía de este libro: Si alguno añadiere a estas cosas, Dios traerá sobre él las plagas que están escritas en este libro.

Y si alguno quitare de las palabras del libro de esta profecía, Dios quitará su parte del libro de la vida, y de la santa ciudad y de las cosas que están escritas en este libro.

El que da testimonio de estas cosas dice: Ciertamente vengo en breve. Amén; sí, ven, Señor Jesús (Apocalipsis 22:18–20).

No hemos de convertir esto en un asunto personal con los mormones, sino en una cuestión histórica y teológica que, a pesar de toda la cortesía y de todo el tacto que podamos demostrar, no debe ocultar lo profundo de nuestro desacuerdo. La historia impugna aun a los famosos "testigos" de la veracidad del *Libro de Mormón*, ya que el mismo profeta Smith escribió dos artículos contra ellos, y su hermano Hyrum escribió uno; lo cual no dice mucho en favor del carácter de los individuos en cuestión ni de su fiabilidad como testigos.

Fue Joseph Smith quien declaró una guerra teológica contra el cristianismo al atribuir a Dios la afirmación que describía a las denominaciones cristianas como "completamente equivocadas", y calificaba sus credos de "abominaciones" y a todos los cristianos de "corruptos. . . que tienen apariencia de piedad pero niegan la eficacia de ella" (Joseph Smith, Historia 1:19).

Los mormones son responsables de la hostilidad que la gente siente hacia ellos, y su historia de persecuciones (debida en gran parte a la expresión que han dado a las acusaciones ofensivas de Smith y a su práctica de la poligamia) es correcto dejarla ante su misma puerta. Los adversarios iniciales fueron ellos, *no* la Iglesia cristiana. No excusamos a los que persiguieron a los mormones primitivos, pero hay que reconocer que en muchísimas ocasiones fueron provocados a la acción por los excesos de estos últimos; un ejemplo de ello sería la expulsión mormona del condado de Jackson, Missouri.

De modo que podemos encomendar la Biblia mormona al juicio de la historia, y su teología a las declaraciones de la inmutable Palabra de Dios; pero debemos hablar la verdad acerca de estas cosas, y mantener como algo prioritario en nuestro modo de pensar que la sinceridad de los mormones en cuanto a su fe no es una justificación para abstenernos de proferir un justo juicio de dicha fe, o de su refutado origen: el *Libro de Mormón* y las "revelaciones" de Joseph Smith. La verdad debe hablarse en amor, pero debe hablarse.

CAPITULO TRES

# La teología del mormonismo

Casi desde sus comienzos, la Iglesia Mormona ha pretendido estar en posesión de lo que ninguna otra iglesia actual afirma tener: los sacerdocios de Aarón y Melquisedec.

Los mormones sostienen que Joseph Smith y Oliver Cowdery recibieron el sacerdocio aarónico de manos de Juan el Bautista el 15 de mayo de 1829, y que "el sacerdocio de Melquisedec fue conferido a Joseph Smith y Oliver Cowdery mediante el ministerio de Pedro, Santiago y Juan, poco después de que recibieron el orden de Aarón".[16]

En la teología del mormonismo, el orden aarónico y el de Melquisedec son considerados como un sólo sacerdocio "sin principio de días o fin de años" (*Doctrinas y convenios* 84:17), y los mormones sostienen que sólo por medio de la autoridad de este sacerdocio los hombres hablan y actúan en nombre del Señor para la salvación de la humanidad. Para poder comprender esto claramente hay que considerar la siguiente cita del principal volumen mormón acerca del tema del sacerdocio:

Este autorizado sacerdocio está destinado a asistir a los hombres en cada uno de los empeños de la vida, tanto temporales como espirituales. Por consiguiente, hay divisiones u oficios diversos en el sacerdocio, cada uno de ellos encargado de una responsabilidad definida y combatiendo una necesidad humana especial.

El profeta Joseph Smith dijo en cierta ocasión que todo sacerdocio es de Melquisedec; es decir, que el orden de Melquisedec abarca todos los oficios y autoridades del sacerdocio. Esto se afirma claramente en las *Doctrinas y convenios*, sección 107, versículo 5: "Todas las otras autoridades u oficios de la iglesia son dependencias de este sacerdocio".

En las Escrituras se habla de dos sacerdocios: el de Melquisedec, y el de Aarón o levítico. Sin embargo, aunque los sacerdocios son dos, el de Melquisedec abarca el levítico, es la cabeza principal, y posee la mayor autoridad perteneciente al sacerdocio y las llaves del reino de Dios en todas las épocas del mundo hasta la prosperidad final sobre la tierra; como también es el conducto a través del cual todo el conocimiento, la doctrina, el plan de salvación y cada asunto importante se revela desde el cielo.[17]

Por tanto, el concepto mormón del sacerdocio sostiene que Dios ha colocado en esa iglesia presidentes, apóstoles, setenta sumos sacerdotes y ancianos, y que los diferentes oficios participan todos de autoridades específicas.

Los mormones mantienen que el presidente de la Iglesia "puede ostentar y conceder los poderes de las responsabilidades administrativas de su oficio; el poder del sacerdocio está descentralizado: primeramente, según los cargos y las jurisdicciones de esos respectivos oficios; y en segundo lugar, de acuerdo con los individuos que tienen el sacerdocio. Esto significa que mientras la Iglesia en su conjunto responda delicadamente a la autoridad central en asuntos que afectan a toda la Iglesia, las relaciones entre la autoridad central y local de la organización no restringe la iniciativa plena y el libre desarrollo, ya sea de las divisiones territoriales de los distintos quórums y grupos de quórums, o de los miembros individuales de la Iglesia. . . . El sacerdocio proporciona una instrumentalidad "funcional" para el gobierno de la Iglesia, que es al mismo tiempo eficaz y responsable en la centralización pero flexible y descentralizada en la administración real".[18] De manera que resulta evidente que en la teología mormona el sacerdocio ocupa una posición de gran importancia, y abarca a casi todos los miembros varones de la Iglesia por encima de los doce años de edad en una calidad u otra; por tanto, la refutación de las pretensiones mormonas de poseerlo socava necesariamente los fundamentos mismos del mormonismo.[19]

Teniendo en cuenta lo anterior, examinemos ahora las Escrituras que refutan de un modo más pleno los argumentos mormones. (Y la Biblia proporciona de veras una gran riqueza de información.)

En el capítulo 7 de la Epístola a los Hebreos, se menciona brevemente a Melquisedec, que era rey de Salem y sacerdote del Dios Altísimo, en conexión con Abraham. El autor de Hebreos señala que el Sacerdocio de Melquisedec es superior al aarónico y a las administraciones de los levitas, ya que Abraham, padre de los hijos de Leví, pagó el diezmo a Melquisedec; lo cual establece el hecho de que este Melquisedec era superior a Abraham. El escritor lo expresa de esta manera: "Y sin discusión alguna, el menor es bendecido por el mayor. Y aquí ciertamente reciben los diezmos hombres mortales; pero allí, uno de quien se da testimonio de que vive. Y por decirlo así, en Abraham pagó el diezmo también Leví, que recibe los diezmos; porque aún estaba en los lomos de su padre cuando Melquisedec le salió al encuentro" (versículos 7–10).

La demostración del hecho de que el sacerdocio de Melquisedec es superior al aarónico no tendría prácticamente ningún sentido si el autor de Hebreos no hubiera seguido diciendo: "Si, pues, la perfección fuera por el sacerdocio levítico (porque bajo él recibió el pueblo la ley), ¿qué necesidad habría aún de que se levantase otro sacerdote, según el orden de Melquisedec, y que no fuese llamado según el orden de Aarón? Porque *cambiado* el sacerdocio, necesario es que haya también cambio de ley" (versículos 11, 12).

El único propósito del capítulo 7 de Hebreos, como revelará cualquier exégesis cuidadosa, es demostrar que Jesucristo, "sacerdote para siempre según el orden de Melquisedec" (versículo 17), ha cambiado el sacerdocio de Aarón (versículo 12) instituyendo en su lugar el suyo propio, que es del orden de Melquisedec, en virtud de su sacrificio en la cruz.

Cristo no era ni de la tribu de Leví ni del sacerdocio de Aarón, sino de la tribu de Judá; sin embargo, su sacerdocio es infinitamente superior al de Aarón. Resulta bastante evidente que el sacerdocio levítico no podía evolucionar para convertirse en el de Melquisedec, sino que terminó, como fue simbolizado por el hecho de que el velo que conducía al Lugar Santísimo se rasgó en la crucifixión (Mateo 27:51).

El escritor de Hebreos expresa además que Cristo es nuestro gran sumo sacerdote, y que "traspasó los cielos . . . para presentarse por nosotros ante Dios"; y también se declara en la Epístola que "no entró Cristo en el santuario hecho de mano, figura del verdadero, sino en el cielo mismo. . . y no para ofrecerse muchas veces, como entra el sumo sacerdote en el Lugar Santísimo cada año con sangre ajena. De otra manera le hubiera sido necesario padecer muchas veces desde el principio del mundo; pero ahora, en la consumación de los siglos, se presentó una vez para siempre por el sacrificio de sí mismo para quitar de en medio el pecado" (Hebreos 9:24–26).

La cita anterior se refiere con toda claridad a la verdad de que el antiguo sacerdocio, que facultaba a los sacerdotes para entrar en el aposento del templo una vez cada año en el día de la expiación, había tocado a su fin por haber ofrecido Cristo una vez por todas eterna expiación por los pecados de todo el mundo (1 Juan 2:2).

¡Qué importantes son estos hechos cuando se ponen al lado de la pretensión mormona de poseer el sacerdocio aarónico, el cual la Palabra de Dios dice que ha sido "cambiado" y totalmente consumado en el Sacerdote cuyo orden es según Melquisedec: Jesucristo mismo!

El sacerdocio de nuestro Señor no depende de su continuación de padre a hijo, como pasaba con el aarónico en el orden levítico (algo necesario en virtud del hecho de que todos los hombres mueren, por lo que se hacía precisa la transferencia del sacerdocio). El escritor de Hebreos nos dice que el Señor Jesucristo se levantó "a semejanza de Melquisedec". El es "otro sacerdote... no constituido conforme a la ley del mandamiento acerca de la descendencia" (que es temporal por naturaleza) sino por el poder de una vida imperecedera. La palabra griega *akatalutou* se traduce correctamente por "imperecedera, indestructible e indisoluble"; y en este contexto se refiere a la vida del Señor. Jesucristo no fue consagrado sacerdote como lo eran los levitas, de padres a hijos, sino que su sacerdocio es según el orden de un Ser inmortal. Su sacerdocio es infinito por cuanto El es eterno.

Todo este trasfondo resulta de vital importancia para refutar las pretensiones mormonas concernientes a la perpetuidad del sacerdocio aarónico; pero más aun para impugnar su concepto del sacerdocio de Melquisedec que también pretenden haber recibido.

En el mismo capítulo 7 de Hebreos, esta segunda pretensión mormona es rebatida sucintamente por el Espíritu Santo de un modo enfático e irrevocable cuando dice:

Por tanto, Jesús es hecho fiador de un mejor pacto. Y los otros sacerdotes llegaron a ser muchos, debido a que por la muerte no podían continuar; mas éste, por cuanto permanece para siempre, tiene un sacerdocio inmutable; por lo cual puede también salvar perpetuamente a los que por él se acercan a Dios, viviendo siempre para interceder por ellos. Porque tal sumo sacerdote nos convenía: santo, inocente, sin mancha, apartado de los pecadores, y hecho más sublime que los cielos; que no tiene necesidad cada día, como aquellos sumos sacerdotes, de ofrecer primero sacrificios por sus propios pecados, y luego por los del pueblo; porque esto lo hizo una vez para siempre, ofreciéndose a sí mismo. Porque la ley constituye sumos sacerdotes a débiles hombres; pero la palabra del juramento, posterior a la ley, al Hijo, hecho perfecto para siempre" (versículos 22–28).

Debe prestarse atención particular al versículo 24, que, en el griego, es devastador para la pretensión mormona. Dice así en el original: "Pero él continúa para siempre, por lo que su sacerdocio es intransferible"[20] (Goodspeed)

El término griego *aparabatos*, traducido literalmente por *intransferible*, transmite una nota de finalidad. El *Greek-English Lexicon* de Thayer lo expresa de esta manera: "Sacerdocio inmutable y por lo tanto, no sujeto a transferencia a un sucesor, Hebreos 7:24" (pág. 54).

Ya que la palabra aparece sólo una vez en el Nuevo Testamento griego, no puede ni siquiera apelarse a posibles versiones en función del contexto. Este es un caso en el que, por muchos malabarismos semánticos que se hagan, no puede eludirse la fuerza del contexto y de la gramática.

El escritor de Hebreos declara, bajo la inspiración del Espíritu Santo, que el sacerdocio de Melquisedec es posesión particular de Jesucristo, no sólo en virtud del hecho de que Él es Dios y posee una vida imperecedera, sino también porque dicho sacerdocio no puede transferirse a otro. Es un sacerdocio que consumió el orden aarónico, terminó con el orden levítico, reside en el Hijo de Dios, y por la voluntad de su Padre no puede ser transferido. No hay forma de eludir la fuerza de estas revelaciones de la Escritura, y ningún teólogo exégeta ni comentarista ha sostenido nunca otra cosa. Bien está que los mormones reclamen los sacerdocios de Aarón y Melquisedec; pero debe señalarse que lo hacen contradiciendo la enseñanza expresa de la Palabra de Dios, la cual afirman respetar. Jamás ha habido teólogo mormón que intentara explicar esta discrepancia.

En su interesante e informativo folleto *Gods, Sex, and the Saints* (Dioses, sexo y los "santos"), el doctor George Arbaugh hace el siguiente comentario: "Se aconseja a los mormones que metan la hoz en las iglesias cristianas porque la cosecha está madura; y su atrevido proselitismo incluye por lo general ciertos desafíos, preguntas y argumentos, estereotipados" (pág. 39).

Luego el doctor Arbaugh sigue señalando que el sacerdocio es uno de los aspectos en que los mormones hacen hincapié, y que éstos jamás se cansan de manifestar a todos y cada uno de los que están dispuestos a escuchar, particularmente a los posibles prosélitos: "¡Tú no tienes el sacerdocio!"

En contestación a esto, el cristiano vigilante debe señalar que los mismos mormones no tienen ningún sacerdocio, pero que la Iglesia de Jesucristo siempre ha contado con él: un sacerdocio que el Nuevo Testamento enseña muy claramente y sobre el que puso énfasis el gran teólogo reformador Martín Lutero, describiéndolo como "el sacerdocio de todos los creyentes".

El doctor Arbaugh observa correctamente:

Hay muchos más millones de sacerdotes en la Iglesia Luterana que en la organización de los Santos de los Ultimos Días, debido a la razón de que cada creyente es un sacerdote. Existe un sacerdocio universal de creyentes, lo cual significa que cada uno de ellos puede acercarse a Dios en oración, por derecho propio, y hablar acerca de su Señor a sus semejantes. El cristiano no tiene necesidad de que venga un sacerdote a realizar las cosas básicas de su fe por él. Si vamos a ello, ¿cómo podría ningún sacerdote hacer las cosas cristianas esenciales —es decir, amar a Dios y a sus semejantes— por uno mismo?

En la primera Iglesia Mormona los únicos dignatarios eran ancianos, pero después se establecieron muchos oficios adicionales; razón por la cual el libro *Doctrinas y convenios* (sección 20, versículos 65 al 67) fue "corregido" de su forma original en el *Libro de los mandamientos*. El mormonismo condesciende incluso a falsificar sus Escrituras para fingir que en todos los tiempos ha habido los mismos oficios sacerdotales (pág. 33).

## El verdadero sacerdocio

En las frases introductorias del libro del Apocalipsis, el apóstol Juan hace una declaración asombrosa al expresar:

Gracia y paz a vosotros, del que es y que era y que ha de venir, y de los siete espíritus que están delante de su trono; y de Jesucristo el testigo fiel, el primogénito de los muertos, y el soberano de los reyes de la tierra. Al que nos amó, y nos lavó de nuestros pecados con su sangre, y nos hizo reyes y sacerdotes para Dios, su Padre; a él sea gloria e imperio por los siglos de los siglos. Amén (Apocalipsis 1:4–6).

¡Cuán cortante es esta simple declaración de la autoridad apostólica! Jesucristo, el soberano de los reyes de la tierra, el que sigue amándonos y nos ha liberado de nuestros pecados por medio de su propia sangre, también nos ha hecho "reyes y sacerdotes para Dios su Padre". Este es, ciertamente, el verdadero sacerdocio.

El cristianismo no necesita templos, cultos secretos, rituales ni misterios; ni su sacerdocio tiene nada que ver con oficios y poder especiales para comunicarse con los muertos, algo que muy claramente los sacerdotes mormones pretenden poseer (véase *Leaves from the Tree* —Hojas del árbol—, un catecismo para jóvenes escrito por el dirigente mormón Charles Penrose, pág. 38). El sacerdocio cristiano abarca a todos los que han sido liberados de sus pecados por la sangre de Jesucristo y gozan del amor perpetuo del Cordero de Dios que quita el pecado del mundo.

Este concepto se desarrolla más en los escritos de Pedro, quien afirma:

Mas vosotros sois linaje escogido, *real sacerdocio,* nación santa, pueblo adquirido por Dios, para que anunciéis las virtudes de aquel que os llamó de las tinieblas a su luz admirable; vosotros que en otro tiempo no erais pueblo, pero que ahora sois pueblo de Dios; que en otro tiempo no habíais alcanzado misericordia, pero ahora habéis alcanzado misericordia (1 Pedro 2:9 y 10).

En este contexto, las palabras del apóstol dejan bien sentado que mucho antes de que hubiera algún mitológico sacerdocio mormón, ya existía un orden sacerdotal que incluía a todos los redimidos: un "real sacerdocio", ni aarónico ni de Melquisedec. Dicho sacerdocio está compuesto por todos los que han sido consagrados como "embajadores en nombre de Cristo", para citar al apóstol Pablo, que conocen el temor del Señor, y cuya tarea consiste en exhortar a los hombres a que se reconcilien con Dios (2 Corintios 5:11 y 20).

Como ya hemos señalado, el mormonismo hace gran hincapié en el sacerdocio; pero como también hemos podido ver, no se trata del sacerdocio del cual se habla en las Escrituras. Los mormones han sustituido éste por la revelación del "profeta" Smith referente a un sacerdocio que ha sido cambiado (Hebreos 7:12) y a otro que por naturaleza es "intransferible" (7:24). El dilema resultante de ello es que no tienen sacerdocio alguno, ya que su negación de la verdadera deidad de Jesucristo y de la naturaleza de Dios descarta la posibilidad de que pudieran participar en el sacerdocio de todos los creyentes. A fin de que alguien pueda ser de los "reyes y sacerdotes para Dios su Padre" (Apocalipsis 1:4–6) y miembro del "real sacerdocio" (1 Pedro 2:9, 10), ha de pasar primeramente por la regeneración personal en una experiencia o un encuentro salvador con el Dios—hombre de la Escritura: Jesucristo. La teología mormona, con su panteón de dioses, su idea pervertida del nacimiento virginal, y su abierta condena de todas las iglesias como "abominaciones" (Joseph Smith, Historia 1:19), se descarta a sí misma de toda consideración seria de cristianismo. Ser cristiano supone algo más que aplicar la ética cristiana, y el evangelio es mucho más que una semejanza de términos, aunque éstos se hayan redefinido. El cristianismo no consiste solamente en un sistema de declaraciones doctrinales (si bien éstas son de gran importancia), sino en una experiencia viva y vital con el Dios de la Biblia que se encarnó en la persona de Jesús de Nazaret. El mormonismo se descalifica a sí mismo por sus muchas excentricidades doctrinales y sus negaciones abiertas de las enseñanzas del cristianismo histórico; y su sacerdocio, en el que tanto hincapié hace, demuestra ser la antítesis de la revelación divina.

Es de esperar vivamente que más cristianos se familiaricen con la evidencia bíblica en lo referente al verdadero sacerdocio del que todos participamos; sólo cuando se alcanza un conocimiento completo de los fundamentos de la teología cristiana es posible enfrentarse con la doctrina mormona del sacerdocio y refutarla con éxito.

## CAPITULO CUATRO

# La doctrina mormona de Dios

La mayoría de los estudiosos del cristianismo bien informados estarán de acuerdo con que no es posible negar la existencia del Dios único y verdadero de la Escritura y al mismo tiempo pretender ser cristiano. Tanto los escritores del Nuevo Testamento como nuestro Señor Jesucristo mismo, enseñaron que sólo había un Dios, y todos los teólogos cristianos, desde los primeros días de la historia de la Iglesia, han afirmado que el cristianismo es monoteísta en el sentido más estricto del término. En realidad eso era lo que lo diferenciaba tan radicalmente, así como a su padre el judaísmo, de las sociedades paganas y politeístas de Roma y Grecia. La Biblia es particularmente firme en su declaración de que Dios no reconoce la existencia de ninguna otra "deidad"; de hecho, en cierto número de ocasiones el Señor resumió su unicidad con la siguiente revelación:

> Vosotros sois mis testigos, dice Jehová, y mi siervo que yo escogí, para que me conozcáis y creáis, y entendáis que yo mismo soy; antes de mí no fue formado dios, ni lo será después de mí. Yo, yo Jehová, y fuera de mí no hay quien salve.... Así dice Jehová Rey de Israel, y su Redentor, Jehová de los ejércitos: Yo soy el primero, y yo soy el postrero, y *fuera de mí no hay Dios*... vosotros sois mis testigos. *No hay Dios sino yo.* No hay Fuerte; *no conozco ninguno*.... Yo soy Jehová, y ninguno más hay; *no hay Dios fuera de mí*. Yo te ceñiré, aunque tú no me conociste.... *Y no hay más Dios que yo*; Dios justo y Salvador; *ningún otro fuera de mí*. Mirad a mí, y sed salvos, todos los términos de la tierra, *porque yo soy Dios, y no hay más* (Isaías 43:10, 11; 44:6, 8; 45:5, 21, 22; cursivas del autor).

A lo largo de todo el Antiguo Testamento se le dan a Dios numerosos títulos: Elohim, Adonai, El Gebor...; y también se habla de El con nombres combinados: Jehová-Elohim, Jehová-Sabaoth. . . . Si hay algo que el Antiguo Testamento hebreo nos dice con claridad es que sólo hay un Dios: "Oye, Israel: Jehová nuestro Dios, Jehová uno es" (Deuteronomio 6:4); y como todo el mundo sabe, con el tiempo el monoteísmo judío dio origen al monoteísmo cristiano, que se desarrolló del anterior por la revelación progresiva de Dios Espíritu Santo. No hay necesidad de que nos extendamos sobre el asunto; ya que es del dominio público que los hechos como se han presentado son ciertos. Sin embargo, al abordar nuestro estudio del concepto mormón de Dios, como pronto veremos, tiene lugar un cambio sutil, pero radical, del sentido de los términos de la Escritura.

También hemos de reconocer desde un principio que la Biblia llama a algunos personajes "dioses"; como por ejemplo a Satanás, a quien Jesús describió como "el príncipe de este mundo", y que en otra parte de la Escritura se le llama "el dios de este siglo". Debe entenderse claramente, sin embargo, que siempre que dicho título se refiere a individuos, personalidades espirituales y casos parecidos, hay que analizar cuidadosamente su uso metafórico y contextual para obtener un cuadro preciso. Por ejemplo: El Señor declaró a Moisés: "Mira, yo te he constituido dios para Faraón, y tu hermano Aarón será tu profeta" (Exodo 7:1). Aquí, el texto hebreo, en referencia recíproca con Exodo 4:16 ("Y él hablará por ti al pueblo; él te será a ti en lugar de boca, y tú serás para él en lugar de Dios"), indica que una determinada relación se hallaba implicada. El contexto también revela que Moisés, en virtud del poder que le había conferido Dios, se convirtió en "un dios" a los ojos de Faraón, y Aarón, a su vez, en el profeta del "dios" (Moisés) que Faraón contemplaba, ya que era su portavoz. De modo que, del mismo uso del idioma y de su análisis contextual, se deduce el empleo obviamente metafórico del término. Sobre este punto están de acuerdo todos los expertos en el Antiguo Testamento; y no debe oscurecer la cuestión de que sólo hay un Dios vivo y verdadero, como atestiguan inequívocamente las citas anteriores.

Otro ejemplo similar es la aplicación del término "Elohim": plural de la palabra traducida a menudo por "Dios" en el Antiguo Testamento. En algunos contextos se hace referencia a los jueces de Israel como "dioses" —o más literalmente como "poderosos"—;

no porque poseyeran en sí la naturaleza intrínseca de la Deidad, sino porque se convertían en dioses a los ojos del pueblo (Salmo 82, cf. Juan 10) al representar como lo hacían a Jehová de los ejércitos. En el Nuevo Testamento, el apóstol Pablo es bastante explícito cuando declara que en el mundo (es decir, por lo que respecta al mundo), "(hay muchos dioses y muchos señores), para nosotros, sin embargo, sólo hay un Dios, el Padre... y un señor, Jesucristo" (1 Corintios 8:5); una afirmación recalcada por nuestro Señor al declarar: "Yo soy el primero y el último; y el que vivo, y estuvo muerto; mas he aquí que vivo por los siglos de los siglos" (Apocalipsis 1:17, 18). Concluimos, por tanto, que el politeísmo es totalmente extraño a la tradición teológica judeo-cristiana; en realidad, es la antítesis misma del monoteísmo extremos presentado en el judaísmo y el cristianismo. El Dios del Antiguo Testamento y el Dios y Padre de nuestro Señor Jesucristo son uno y el mismo; esto es lo que la Iglesia cristiana ha mantenido a lo largo de la historia. Además de ello, siempre se ha declarado que la naturaleza de Dios es "espíritu". Nuestro Señor afirmó que "Dios es Espíritu; y los que le adoran, en espíritu y en verdad es necesario que adoren" (Juan 4:24). En muchos otros lugares de la Palabra inspirada de Dios ha agradado al Espíritu Santo revelar la naturaleza espiritual y la "unicidad" de Dios. El apóstol Pablo nos recuerda que "el mediador no lo es de uno solo; pero Dios es uno" (Gálatas 3:20); y el salmista trae a nuestra memoria la naturaleza inmutable de Dios: "Desde el siglo y hasta el siglo, tú eres Dios" (Salmo 90:2). Moisés, por su parte, narra que en el acto inicial de la creación "el Espíritu de Dios se movía sobre la faz de las aguas" (Génesis 1:2). Por tanto, los "dioses" que se mencionan en la Escritura nunca lo son ni por identidad ni por naturaleza, sino por creación o aclamación humanas, como ya hemos visto. Esto, por supuesto, jamás se podría comparar con el único Dios vivo y verdadero descrito por el autor de la Epístola a los Hebreos como "el Padre de los espíritus" (Hebreos 12:9; Gálatas 4:8, 9).

## La verdad acerca del dios de los mormones

Las "revelaciones" de Joseph Smith, Brigham Young, y los "profetas" mormones sucesivos, contrastan claramente con las de la Escritura; y para que el lector no tenga ninguna dificultad en comprender cuál es la verdadera posición mormona respecto a la naturaleza divina, la siguiente serie de citas en este contexto representa plenamente lo que ellos quieren decir cuando hablan de "Dios":

1. "En el principio, el jefe de los Dioses convocó un concilio de éstos; y se reunieron e idearon un plan para crear el mundo y poblarlo" (*Teachings of the Prophet Joseph Smith* —Enseñanzas del profeta Joseph Smith—, pág. 349).

2. *"Dios mismo fue en otro tiempo como somos nosotros, y ahora es un hombre exaltado"* (*Teachings of the Prophet Joseph Smith,* (Enseñanzas del profeta Joseph Smith), pág. 345).

3. "El Padre tiene un cuerpo de carne y huesos, tangible como el del hombre; así también el Hijo; pero el Espíritu Santo no tiene un cuerpo de carne y huesos, sino que es un personaje de Espíritu" (*Doctrinas y convenios* 130:22).

4. "Los Dioses existen, y mejor sería que nos esforzásemos en prepararnos para ser uno con ellos" (Brigham Young, *Journal of Discourses* —Diario de discursos—, Vol. 7, pág. 238).

5. "Dios fue como es el hombre; y el hombre será como Dios es" (profeta Lorenzo Snow, como se cita en *The Gospel Through the Ages* —El evangelio a través de los siglos—, de Milton R. Hunter, págs. 105, 106).

6. "Cada uno de esos Dioses, incluyendo a Jesucristo y a su Padre, posee no solamente un espíritu organizado, sino un cuerpo inmortal y glorioso de carne y hueso" (Parley P. Pratt, *Key to the Science of Theology* —Clave para la ciencia teológica—, ed. 1965, pág. 44).

7. "Entonces el Señor dijo: Descendamos. Descendieron, pues, en el principio, y ellos, esto es, los Dioses, organizaron y formaron los cielos y la tierra" (Abrahán 4:1).

8. "Recuerda que Dios, nuestro Padre celestial, en otro tiempo quizás fue niño, y mortal como nosotros, y ascendió peldaño tras peldaño por la escala del progreso, en la escuela de la promoción; y que ha avanzado y vencido hasta llegar al punto en el que se encuentra ahora" (apóstol Orson Hyde, *Journal of Discourses*, Vol. 1, pág. 123).

9. "Los profetas mormones han enseñado de manera continua

la sublime verdad de que Dios, el Padre eterno, fue en otro tiempo un hombre mortal que pasó por una escuela de vida terrena semejante a la nuestra, y llegó a ser Dios —un ser exaltado— mediante la obediencia a las mismas verdades evangélicas eternas que nosotros tenemos la oportunidad de obedecer" (Hunter, *op. cit.*, pág. 104).

10. "Cristo era el Dios, el Padre de todas las cosas. . . . He aquí, soy Jesucristo. Soy el Padre y el Hijo" (Mosíah 7:27 y Eter 3:14, *Libro de Mormón*.

11. "Cuando Adán, nuestro padre, entró en el huerto de Edén, lo hizo con un cuerpo celestial, y llevó consigo a Eva, una de sus mujeres. El ayudó a hacer y a organizar este mundo. El es Miguel el arcángel, ¡el anciano de días! sobre el que han escrito y hablado los santos hombres: El es nuestro Padre y nuestro Dios; y el único Dios con quien tenemos que ver"[21] (Brigham Young, *Journal of Discourses*, Vol. 1, pág. 50).

12. Según la historia, esta doctrina del Adán-Dios fue difícil de creer aun para los fieles mormones, y como resultado de ello, el 8 de junio de 1873, Brigham Young declaró:

> ¡Cuánta incredulidad existe en la mente de los Santos de los Ultimos Días respecto a una doctrina en particular que yo les revelé a ellos y Dios me reveló a mí; me refiero a la de que Adán es nuestro Padre y nuestro Dios. . . .
>
> "Bueno —dice uno—, ¿por qué se llamó así a Adán?" El fue el primer hombre sobre la tierra, y el ordenador y creador de ella. Con la ayuda de sus hermanos él dio a ésta el ser. Luego dijo: Quiero que mis hijos, que están en el mundo del espíritu vengan y vivan aquí. En otro tiempo yo moré sobre una tierra parecida a esta, en estado mortal, fui fiel y recibí mi corona y exaltación" (*Deseret News*, 18 de junio de 1873, pág. 308).

Sería muy posible continuar citando fuentes de muchos volúmenes y otras publicaciones oficiales de los mormones, pero el hecho ha quedado bien demostrado.

La Iglesia de Jesucristo de los Santos de los Ultimos Días Reorganizada, que disiente de la de Utah sobre el tema del politeísmo, sostiene resueltamente que Joseph Smith hijo jamás enseñó ni practicó la poligamia o la pluralidad de dioses; y la siguiente cita textual de Smith referente al politeísmo y a la doctrina de que los varones de la secta pueden alcanzar la "deidad" les irrita de un modo indescriptible, pero es un hecho cierto.

Las siguientes citas son extractos de un sermón publicado en el periódico mormón *Times and Seasons* —Tiempos y Sazones— (15 de agosto de 1844, págs. 613, 614) cuatro meses después de que Smith lo pronunciara en el funeral del anciano King Follet, y sólo dos después de ser él mismo asesinado en Carthage, Illinois.

Este discurso fue escuchado por más de 18.000 personas y registrado por cuatro escribas mormones. Resulta significativo que la escisión en el mormonismo no tuviera lugar hasta tres años y medio más tarde; de modo que aparentemente sus antepasados no estaban en desacuerdo con la teología de Smith como ellos lo están hoy día, ni tampoco negaban que éste hubiera predicado aquel sermón y enseñado el politeísmo. Pero los hechos hablan por sí solos:

> Quiero que todos ustedes conozcan a Dios, que estén familiarizados con él. . . . ¿Qué clase de ser fue Dios en el principio?
>
> En primer lugar, Dios mismo, que está sentado en su trono allá en los cielos, es un hombre semejante a cualquiera de ustedes. . . si tuvieran que verlo hoy día, lo contemplarían con el aspecto, la imagen y la misma forma de un hombre. . . .
>
> Voy a explicarles cómo llegó Dios a ser Dios. Hemos imaginado que El lo era desde toda eternidad. Para algunos estas ideas resultan incomprensibles, y sin embargo son los primeros y simples principios del evangelio: conocer con certeza el carácter de Dios, a fin de poder conversar con El como lo hace el hombre con otro; y saber que Dios mismo, el Padre de todos nosotros, habitó en la tierra, al igual que Jesucristo . . .¿qué dijo Jesucristo? (anote esto, anciano Rigdon). Jesús dijo: Como el Padre tiene poder en sí mismo, también el Hijo lo tiene. ¿Para hacer qué? La respuesta es obvia: lo que el Padre hizo. . . . En esto consiste entonces la vida eterna: en conocer al único y sabio Dios. Ustedes tienen que aprender a ser "dioses" ustedes mismos; reyes y sacerdotes para Dios, al igual que han hecho todos los Dioses: yendo de un grado bajo a otro más alto, de gracia en gracia, de exaltación en exaltación, hasta que sean capaces de sentarse en la gloria como aquellos que se sientan en sus tronos en poder eterno. . . ."

La teología mormona es, por tanto, politeísta, y enseña efectivamente que el universo está habitado por diferentes dioses que procrean espíritus hijos que son a su vez revestidos de cuerpos en diferentes planetas. "Elohim" es el dios de este planeta (las autoridades mormonas niegan oficialmente hoy día la enseñanza de

Brigham Young en cuanto a que Adán sea nuestro Padre celestial, pero se mantienen firmes en la creencia de que nuestro Dios es un hombre resucitado y glorificado). Además de esto, las declaraciones "inspiradas" de Joseph Smith revelan que él mismo comenzó siendo unitario, progresó hacia el triteísmo y gradualmente se convirtió en un politeísta completo, en contradicción abierta con las revelaciones del Antiguo y Nuevo Testamentos, como ya hemos visto. La doctrina mormona de la Trinidad es una tergiversación grosera de la postura bíblica; aunque los mormones traten de encubrir su perversa doctrina con una terminología semiortodoxa. Ya hemos abordado este problema, pero el mismo merece una constante repetición para que la teología mormona no quede sin impugnar.

A primera vista los mormones parecen ortodoxos, pero a la luz de sus irreprochables fuentes están claramente eludiendo la cuestión. La verdad es que el mormonismo nunca en toda su historia ha aceptado la doctrina cristiana de la Trinidad; en realidad, la niega pervirtiendo completamente el significado del término. Esta es una de las razones principales por las que los mormones jamás han sido aceptados por ningún consejo cristiano de iglesias (la Alianza Evangélica, el Consejo Mundial de Iglesias, etc.). La doctrina mormona de que Dios Padre es un mero hombre constituye la base de su politeísmo, y obliga a los mormones, no sólo a negar la Trinidad divina como se revela en las Escrituras, sino también la naturaleza inmaterial de Dios, que es puramente espíritu. En la revista *Look*, los mormones afirmaron que ellos aceptaban la Trinidad; pero como ya hemos visto *no* se trata de la Trinidad cristiana. Dios Padre no tiene un cuerpo de carne y hueso: esto es algo que Jesús enseñó claramente (Juan 4:24, cf. Lucas 24:39). El apóstol mormón James Talmage describe como sigue la doctrina de la Iglesia en su libro *The Articles of Faith* (Los artículos de la fe):

> La Iglesia de Jesucristo de los Santos de los Ultimos Días se declara en contra del Dios incomprensible desprovisto de "cuerpo, partes, o pasiones", como de algo vivo y verdadero de la Escritura y la revelación, y da al mismo su lealtad... Jesucristo es el Hijo de Elohim, tanto en lo espiritual como en lo físico, que es lo mismo que decir que Elohim es literalmente el Padre del espíritu de Jesucristo y también del cuerpo en el cual éste realizó su misión

en la carne. . . a Jehová, que es Jesucristo —el Hijo de Elohim—,
se le llama "el Padre". . . Que Jesucristo, a quien también conocemos como Jehová, fue el ejecutivo del Padre, Elohim, en la obra
de la creación se declara en el libro *Jesus the Christ* —Jesús el
Cristo—, cap. 4 (págs. 48, 466, 467).

En estas reveladoras declaraciones, Talmage cae en el error de
hacer de Elohim y Jehová dos dioses distintos, completamente
ignorante, al parecer, de que Elohim; "el dios mayor", y Jehová,
Jesús, el dios menor engendrado por Elohim, se combinan en hebreo como "Jehová el Poderoso", o simplemente como "Jehová
Dios". Esto lo revela sin dificultad cualquier concordancia en hebreo del Antiguo Testamento (Señor, Yahvé; Dios, Elohim). Tal
error es parecido al de Mary Baker Eddy, quien en su glosario a
*Science and Health with Key to the Scriptures* comete exactamente
la misma equivocación, mostrando también su completa ignorancia del idioma hebreo. En este error lingüístico, la Ciencia Cristiana y los Mormones están en singular acuerdo; aunque casi seguro que sin darse cuenta.

El argumento de Talmage según el cual "negar la materialidad
de la persona de Dios es negar a Dios mismo, ya que una cosa sin
partes no tiene totalidad y un cuerpo inmaterial no puede existir",
es un absurdo tanto lógico como teológico. Para ilustrar este hecho,
uno no puede más que referirse a los ángeles; a quienes las Escrituras describen como "espíritus ministradores" (Hebreos 1:7),
seres con "cuerpos" inmateriales constituidos por sustancia espiritual, y que sin embargo existen. Los mormones se enredan todavía más en una desesperada contradicción cuando, en su doctrina de la preexistencia del alma, se ven obligados a redefinir el
significado de este término como se utiliza tanto en el Antiguo
como en el Nuevo Testamentos, para enseñar que el alma no es
inmaterial; cuando la Biblia enseña claramente que lo es. En la
cruz, nuestro Señor pronunció las palabras: "Padre, en tus manos
encomiendo mi espíritu" —ciertamente dicho espíritu era inmaterial—; y Pablo, cuando se preparaba a dejar este mundo e ir a
las esferas celestiales, indicó que su verdadero "yo" espiritual
(ciertamente incorpóreo, ya que su cuerpo murió) anhelaba "partir
y estar con Cristo, lo cual es mucho mejor" (Filipenses 1:21–23).
También el mártir Esteban encomendó su espíritu (o naturaleza

inmaterial) en manos del Padre, exclamando: "Señor Jesús, recibe mi espíritu" (Hechos 7:59); y hay numerosos pasajes, tanto en el Antiguo como en el Nuevo Testamentos, que indican que un "cuerpo inmaterial" puede existir, siempre que la forma sea de una sustancia espiritual, como Dios Padre y el Espíritu Santo, y como Jesucristo antes de su encarnación: el Logos (Juan 1:1, cf. Juan 1:14). Lejos de afirmar "su creencia en el Dios vivo y verdadero de la Escritura y la revelación, y de [dar] al mismo su lealtad", como Talmage dice del mormonismo, los mormones, en realidad, han jurado fidelidad a un panteón de dioses a los cuales ponen su empeño en unirse a fin de gozar de una eternidad polígama de progreso hacia la divinidad. Se puede buscar en los corredores de la mitología pagana sin encontrar una estructura tan compleja como la que los mormones han creado y disfrazado con la terminología y las designaciones del cristianismo ortodoxo mal empleadas, como demostramos anteriormente. Ningún estudioso del movimiento mormón negará que éste rechaza la doctrina cristiana histórica de la Trinidad, ya que Talmage, en *The Articles of Faith*, después de mencionar el Credo niceno y la teología de la Iglesia primitiva en cuanto a la Trinidad, declara: "Sería difícil concebir mayor número de inconsecuencias y contradicciones expresadas en palabras que las que tenemos aquí. . . . La inmaterialidad de Dios, como se expresa en estas declaraciones de fe sectarias, está totalmente en desacuerdo con las Escrituras, y es contradicha de un modo absoluto por las revelaciones de la Persona y los atributos de Dios" (pág. 48).

Después de estudiar cuidadosamente cientos de volúmenes acerca de la teología mormona y docenas de folletos que tratan de este tema, el autor puede cándidamente afirmar que jamás ha visto, en más de una década que lleva dedicado a la investigación en el terreno de las sectas, un uso tan impropio de la terminología, tanta falta de consideración por el contexto, y un abandono tan completo de los principios académicos, como demuestran los teólogos mormones al intentar parecer ortodoxos y socavar a la vez los fundamentos del cristianismo histórico. Lo intrincado de su complejo sistema politeísta hace sopesar una y otra vez al investigador cuidadoso, el nivel ético que utilizan esos escritores mormones y sus flagrantes intentos de reescribir la historia, la teología bíblica, y las leyes de la hermenéutica, a fin de poder apoyar las teologías de Joseph Smith y Brigham Young. Puedo decir, sin miedo a que me contradigan, que el mormonismo no resiste a la investigación, ni quiere tener que ver nada con ella, a menos que se puedan controlar los resultados o pretexto de "franqueza" y de "tolerancia".

En cierta ocasión, discutiendo la doctrina mormona de Dios con una joven que se inclinaba hacia la conversión al mormonismo, le ofrecí a ésta retirar el presente capítulo, y un esfuerzo anterior (*Mormonism* —Mormonismo—, Zondervan Publishing House, 1958), si los ancianos de la secta que la aconsejaban expresaban por escrito su renuncia al politeísmo en favor del monoteísmo de la tradición religiosa judeo-cristiana. Mi oferta era de buena fe, y lo mismo ha sido ofrecido desde cientos de plataformas a decenas de miles de personas a lo largo de un período de veinte años. La Iglesia de Jesucristo de los Santos de los Ultimos Días está muy consciente de tal oferta. A los desprevenidos les dan a entender que son monoteístas; ante los informados defienden su politeísmo. Así, como un verdadero camaleón, cambian de color para adaptarse a la superficie en que se encuentren.

En su clásico libro *Revelation in Mormonism* —La revelación en el mormonismo— (1932, G. B. Arbaugh documentó con exhaustivo detalle el progreso de la teología mormona desde el unitarismo hasta el politeísmo. Su investigación ha sido de un valor incalculable y lleva ya cincuenta años a la disposición de los eruditos interesados, y contiene todo el conocimiento de la Iglesia Mormona. Hasta ahora los mormones no han refutado la evidencia de Arbaugh ni sus conclusiones; están bastante a la defensiva en lo referente a los peculiares orígenes de sus "escritos sagrados" o allí donde existen pruebas verificables que revelan sus perversiones politeístas del evangelio de Jesucristo. Resulta extremadamente difícil escribir con benevolencia acerca de la teología mormona, cuando la secta es tan claramente falaz en su presentación de los datos y tan inflexible en su condena de todas las religiones en favor del "evangelio restaurado", supuestamente concedido al profeta Joseph Smith. Sin embargo, no debemos confundir la teología con la persona, como hacemos demasiadas veces; ya que mientras la hostilidad hacia la primera es bíblica, jamás sucede lo mismo con la segunda.

Continuando con nuestro estudio... el apóstol Orson Pratt, escribió en *The Seer* —El vidente—: "En el cielo, donde nuestros espíritus nacieron, hay muchos Dioses, cada uno de los cuales tiene una o varias esposas propias, que le fueron dadas antes de su redención, mientras todavía se encontraba en su estado mortal" (pág. 37). En esta breve frase, Pratt resumió toda la jerarquía del politeísmo mormón, y las citas hechas previamente de una fuente mormona reconocida apoyan su resumen más allá de cualquier duda razonable. La enseñanza de los mormones de que a Dios le vio "cara a cara" en el Antiguo Testamento (Exodo 33:9, 11, 23; Exodo 24:9–11; Isaías 6:1, 5; Génesis 5:24; 6:5–9) es impugnable en dos campos: el del idioma y el de la ciencia del análisis textual comparativo (hermenéutica).

Desde el punto de vista de la lingüística, todas las referencias citadas por los mormones para probar "que Dios tiene un cuerpo físico posible de observar" se deshacen a la luz de la declaración expresa de Dios: "No podrás ver mi rostro; porque no me verá hombre, y vivirá" (Exodo 33:20).

En hebreo, "cara a cara" (Exodo 33:11) se traduce por "íntimo", lo cual en ningún caso es opuesto al versículo 20. Otras expresiones similares se utilizan en Deuteronomio 5:4; mientras que en Génesis 32:20 es el ángel del Señor quien habla, y *no* Jehová mismo. El Antiguo Testamento está lleno de teofanías (literalmente "formas de Dios"), ocasiones en las que Dios habló o se reveló a sí mismo por medio de manifestaciones angélicas, y todos los eruditos del Antiguo Testamento, casi sin excepción, aceptan que los antropomorfismos (características humanas atribuidas a Dios) son la explicación lógica de muchos de los encuentros de Dios con el hombre. El argüir, como hacen los mormones, que tales ocurrencias indican que Dios posee un cuerpo de carne y hueso según la enseñanza del profeta Smith, es a primera vista insostenible, y constituye otro arduo intento de imponer el politeísmo a una religión estrictamente monoteísta. Superado este punto de discusión, otro punto principal es que, debido a que se utilizan expresiones tales como "el brazo de Jehová", "el ojo de Jehová", "la mano de Jehová", las "narices", "la boca", etc., todo tiende a demostrar que Dios posee una forma física; sin embargo, los mormones pasan por alto un importante factor, y es el de la metáfora literaria tan corriente en el Antiguo Testamento. Si hubieran de ser consecuentes con su interpretación, los Santos de los Ultimos Días encontrarían gran dificultad para explicar el Salmo en el que se habla de que Dios cubrirá "con sus plumas" a un hombre que estará seguro "bajo sus alas". Si Dios tiene ojos, orejas, brazos, manos, narices, boca, etc., ¿por qué no habría de tener plumas y alas? Los mormones no han dado nunca una respuesta satisfactoria a esto, ya que resulta obvio que el uso antropomórfico y metafórico de los términos referentes a Dios son recursos literarios para transmitir el interés del Señor por el hombre y su asociación con él. De igual modo, metáforas tales como las plumas y las alas indican su tierna preocupación por la protección de los que habitan "al abrigo del Altísimo" y moran "bajo la sombra del Omnipotente". Los mormones harían bien en escudriñar el Antiguo y el Nuevo Testamentos en busca de los numerosos usos metafóricos fácilmente accesibles para observación; y tienen que admitir, si es que son un poco lógicos y consecuentes, que Jesús no era una puerta (Juan 10:9), un pastor (Juan 10:11), una vid (Juan 15:1), un camino (Juan 14:6), una hogaza de pan (Juan 6:51), y otras expresiones metafóricas; como también que la frase: "Nuestro Dios es fuego consumidor", no significa que haya que imaginarse a Dios como un alto horno o como el cráter de un volcán.

Los mormones mismos están evidentemente inseguros de las complejidades de su propia estructura politeísta, como se demuestra por las referencias previamente citadas de Joseph Smith, que en una ocasión hizo de Cristo el Padre y el Hijo al mismo tiempo, y siguió indicando que había un misterio relacionado con ello y que sólo el Hijo podía revelar como El era Padre e Hijo a la vez. Luego, para agravar la dificultad, Smith los separó en dos "personajes distintos", poblando con el tiempo el universo entero con sus deidades politeístas y polígamas. Si uno examina cuidadosamente los libros de Abraham y Moisés que contiene la *Perla de gran precio* (supuestamente "traducida por Smith"), como también porciones de Eter, en el *Libro de Mormón*, las *Doctrinas y convenios,* y los *Discursos de Brigham Young*, todo el dogma mormón de la preexistencia del alma, la naturaleza polígama de los dioses, la hermandad de Jesús con Lucifer y la jerarquía del cielo (terrestre y celeste, correspondientes respectivamente al sótano, el piso quincuagésimo y la torre de observación del edificio *Empire State* de la ciudad de Nueva York); así como la doctrina de la salvación universal, del milenio, de la resurrección, del juicio y del castigo final, se abrirán ante El formando un panorama que culminará en un paraíso polígamo de duración eterna. Tal es la doctrina mormona de Dios, o mejor dicho de los dioses, capaz de competir con cualquier cosa que haya podido producir la mitología pagana.

### El Espíritu Santo en el mormonismo

Habiendo discutido la naturaleza y los atributos de Dios en contraste con la mitología mormona y con su panteón de dioses polígamos, nos queda todavía comprender cuál es la enseñanza de los mormones acerca de la Tercera Persona de la Trinidad cristiana; ya que se dignan describirla como "un personaje de espíritu".

Resulta curioso que en su deseo de imitar la ortodoxia siempre que sea posible, los mormones describen al Espíritu Santo en los siguientes términos:

El término Espíritu Santo y sus sinónimos corrientes —Espíritu de Dios, Espíritu de Jehová, o simplemente Espíritu, Consolador y Espíritu de verdad— ocurren en las Escrituras con significados claramente diferentes; refiriéndose en algunos casos a la persona de Dios Espíritu Santo, y en otros al poder y a la autoridad de este gran personaje o al medio a través del cual ministra. . . . El Espíritu Santo posee indudablemente poderes y afectos personales; atributos que en El son perfectos. Así El enseña y guía, testifica del Padre y del Hijo, reprueba, reprende, habla, ordena, comisiona. . . . No se trata de expresiones figurativas, sino de declaraciones terminantes de los atributos y características del Espíritu Santo (*The Articles of Faith* —Los artículos de la fe—, pág. 115).

También es curioso recordar que, según Talmage (quien como anteriormente mencionamos escribió *The Articles of Faith*):

Se ha dicho, por tanto, que Dios está presente en todas partes; pero ello no significa que la persona misma de cualquiera de los miembros de la Divinidad pueda estar *físicamente* presente en más de un sitio al mismo tiempo. . . . Al admitir la personalidad de Dios nos vemos obligados a aceptar el hecho de su materialidad; ciertamente, no es posible que exista un "ser inmaterial", bajo cuyo nombre sin sentido algunos han intentado designar la condición de Dios, ya que la misma expresión supone una contradicción de términos. Si Dios posee una forma, dicha forma tiene por necesidad unas proporciones definidas y una extensión limitada en el espacio. Es imposible que él ocupe al mismo tiempo más de un espacio con tales límites" (págs. 42, 43).

Si alguna vez ha existido una contradicción en la teología mormona, es esta. Talmage declara que el Espíritu Santo es un personaje de espíritu, obviamente un ser inmaterial y Dios (cf. *Doctrinas y convenios* 28:20), y que sin embargo no posee una forma de naturaleza material. Por tanto el Espíritu no está limitado a la extensión y el espacio, lo cual hace posible para El ocupar al mismo tiempo más de un espacio de tales límites; en abierta contradicción con las afirmaciones anteriores de Talmage en el mismo volumen. Para los mormones, entonces, "una cosa sin partes no tiene totalidad, y un cuerpo inmaterial no puede existir" (*The Articles of Faith* —Los artículos de la fe—, pág. 48); y sin embargo el Espíritu Santo es un "personaje de Espíritu", uno de los dioses mormones, según las *Doctrinas y convenios*; y para remate: "¡El es un ser inmaterial, dotado de forma espiritual y proporciones definidas!" Por así decirlo, aquí la teología mormona parece haberse hecho de veras confusa en su raíz. Talmage no está de acuerdo con Talmage, ni tampoco las *Doctrinas y convenios*; ya que se ven forzados a la posición lógica de afirmar la materialidad de Dios en un caso, y de negarla en el siguiente, cuando se refieren al Espíritu Santo. Sería revelador ver de qué manera concilian los teólogos mormones esta contradicción lógica y teológica.

Parley Pratt, el eminente teólogo mormón complicó aún más la doctrina de la secta en cuanto al Espíritu Santo, al escribir:

Esto nos lleva a investigar la sustancia conocida como el Espíritu Santo o la Luz de Cristo. . . . Existe una sustancia —fluido o esencia— divina llamada Espíritu, ampliamente difundida entre estos elementos externos. . . . Este elemento divino, o Espíritu, es agente inmediato, activo o controlador de todos los poderes santos y milagrosos. . . . La más pura, refinada y sutil de todas estas sustancias, y también la menos comprendida, o incluso reconocida, por la parte menos informada de la humanidad, es esa sustancia llamada el Espíritu Santo (*Key to the Science of Theology* —Clave para la ciencia teológica—, págs. 45, 105, 46).[22]

Por tanto, en el pensamiento de Pratt —ciertamente una fuente oficial de la teología mormona y un hombre cuyos escritos todavía difunde su iglesia como autorizados y representativos—, el Espíritu Santo es al mismo tiempo una sustancia, un fluido y una persona; sin embargo, esa no es la enseñanza de la Escritura, la cual describe constantemente a Dios Espíritu Santo, Tercera Persona de la Trinidad, como un Ser eterno, omnipotente, omnipresente y omnisciente que participa de todos los atributos de la Deidad, y es uno con el Padre y el Hijo en sustancia. Los mormones están como mínimo divididos en su teología acerca del asunto; aunque Talmage intenta valientemente sintetizar la amalgama de información y "revelaciones" contradictorias de los escritos de Smith, Young y demás autores mormones primitivos. No obstante, por mucho que lo intente, no puede explicar la confusión mormona sobre el tema, como lo demuestran los siguientes hechos.

En *Doctrinas y convenios* 20:23 encontramos la siguiente afirmación:

> Todos los que se humillen... y verdaderamente manifiestan por sus obras que han recibido el Espíritu de Cristo para la remisión de sus pecados, serán recibidos en su iglesia por el bautismo.

Joseph Smith, el profeta, fue supuestamente el recipiente de esta revelación venida del salón del trono de los "dioses", y hay que creerle a toda costa. Sin embargo, el mismo Smith tradujo el *Libro de Mormón*, que declaraba sin reservas:

> Sí, benditos son los que... fueren bautizados, porque... recibirán la remisión de sus pecados.... He aquí, el bautismo es para arrepentimiento a fin de cumplir los mandamientos con objeto de que haya remisión de pecados (3 Nefi 12:2; Moroni 8:11).

En un caso, Smith enseñó que el bautismo seguía al acto inicial —la remisión de los pecados—; y en otro, dicho acto inicial cambia su posición y sucede al bautismo. Según Talmage: "Dios concede el don del Espíritu Santo a los obedientes, y la concesión de dicho don sigue a la fe, al arrepentimiento y al bautismo en agua.... Los antiguos apóstoles prometieron la administración del Espíritu Santo sólo a aquellos que habían recibido el bautismo en agua para la remisión de pecados" (*The Articles of Faith* —Los artículos de la fe—, pág. 163).

De modo que la pregunta que uno se hace es: ¿Cuándo se otorga entonces el Espíritu Santo? O mejor: ¿Puede ser concedido éste en la teología mormona cuando no está determinado si la remisión de pecados precede al bautismo o viene a continuación de aquél? Aquí nuevamente se manifiesta una confusión en el pensamiento mormón acerca de la doctrina del Espíritu Santo.

Podríamos explorar aun más la doctrina mormona del Espíritu Santo; especialmente el interesante capítulo del libro *Mormón Doctrine* —Doctrina mormona—, del presidente Charles Penrose (Salt Lake City, 1888), en el que más de veinte veces el autor se refiere al Espíritu Santo como a "algo" desprovisto de personalidad, aunque dotado de deidad en el esquema corriente del politeísmo mormón. Penrose acaba su comentario afirmando:

> Como el bautismo es el nacimiento de agua, la confirmación constituye el nacimiento o bautismo del Espíritu. Ambos son necesarios para entrar en el reino de Dios.... El poseedor del Espíritu Santo es infinitamente rico, y aquellos que lo reciben pueden perderlo; lo que lo constituye los más pobres de los hombres. Hay sin embargo varios grados de posesión del Espíritu. Muchos de los que lo obtienen no andan sino en cierta medida en su luz; pero pocos son los que viven por sus susurros y se aproximan por medio de él a una íntima comunión con los seres celestiales del más alto rango. Para ellos, su luz se hace mayor cada día (págs. 18, 19).

Por tanto, el mormonismo, debido a todas sus complejidades y a su falta de concordancia con la Palabra de Dios, más bien la contradice en repetidas ocasiones, enseñando, en lugar de un Dios de pura sustancia espiritual (Juan 4:24), a una deidad de carne y hueso y un panteón de dioses en infinitas etapas de progresión. Para los mormones Dios queda limitado a un molde estrecho, racionalista y materialista. No puede ser alguien incomprensible; aunque las Escrituras indican que lo es, sin lugar a dudas, en muchos sentidos: "Porque mis pensamientos no son vuestros pensamientos, ni vuestros caminos mis caminos, dijo Jehová. Como son más altos los cielos que la tierra, así son mis caminos más altos que vuestros caminos, y mis pensamientos más que vuestros pensamientos" (Isaías 55:8, 9). La teología mormona complica y confunde las simples declaraciones de la Escritura a fin de apoyar el panteón de dioses creado por Joseph Smith y Brigham Young. Resulta obvio, por tanto, que el Dios de la Biblia y el "dios" de los mormones —el "Adán—dios" de Brigham Young y la deidad de carne y hueso de Joseph Smith— no son uno ni el mismo Dios. Por su naturaleza, todas las religiones monoteístas y teístas se oponen al politeísmo mormón; y el cristianismo en particular repudia como falsa y engañosa la multiplicidad de esfuerzos de los mormones por disfrazarse de "ministros de justicia" (2 Corintios 11:15).

## CAPITULO CINCO

# El nacimiento virginal de Cristo

Una de las doctrinas grandiosas de la Biblia, relacionada de manera singular con la suprema manifestación terrenal del Dios eterno, es la del nacimiento virginal de Jesucristo. Esta doctrina está ligada en forma muy real e indisoluble con aquella de la encarnación, y es, por así decirlo, el medio o instrumento por el que Dios escoge manifestarse a sí mismo. Una y otra vez la Biblia nos recuerda que la Deidad se revistió de humanidad en el pesebre de Belén, y los cristianos de cada generación han reverenciado el misterio prefigurado por las enigmáticas palabras del profeta Isaías:

> He aquí que la virgen concebirá, y dará a luz un hijo, y llamará su nombre Emanuel. . . . Porque un niño nos es nacido, hijo nos es dado, y el principado sobre su hombro; y se llamará su nombre Admirable, Consejero, Dios fuerte, Padre eterno, Príncipe de paz (Isaías 7:14; 9:6).

El apóstol Pablo se refiere en numerosas ocasiones a la naturaleza divina de nuestro Señor, declarando que "en él habita corporalmente toda la plenitud de la Deidad" (Colosenses 2:9).

Los intentos de minimizar el nacimiento virginal de Cristo, o de eliminarlo por completo —como algunos teólogos liberales han tratado de hacer con ahínco—, han acabado siempre en desastre. La causa de ello ha sido que los sencillos relatos de este trascendental acontecimiento registrado en Mateo y en Lucas, se negaban a doblegarse ante las teorías de reconstrucción de los críticos de segunda mano.

Por otro lado, algunas personas se han decidido por una vía intermedia en lo concerniente a esta doctrina, y afirman la necesidad biológica de la misma. En resumen, que Mateo y Lucas, los cuales tuvieron acceso a los relatos de testigos presenciales (María, José, Elisabet) nunca creyeron en realidad lo que dejaron escrito, sino que más bien se trató de un intento de dotar a Cristo de una concepción sobrenatural con el objeto de añadir gloria a su personalidad. Por desagradables que puedan resultarnos estos conceptos antibíblicos de los teólogos liberales y de los llamados neoortodoxos en relación con el nacimiento virginal de nuestro Salvador, ningún grupo ha formulado un concepto de esta doctrina en los términos empleados por el profeta mormón Brigham Young. La enseñanza mormona referente al nacimiento virginal de Cristo procede directamente de las declaraciones de Young, y como ya hemos señalado no se pueden citar autoridades más altas en el mormonismo que Joseph Smith y Brigham Young.

Respecto a la doctrina del nacimiento virginal de Cristo, Brigham Young afirmó inequívocamente:

> Cuando la virgen María concibió al niño Jesús, el Padre lo había engendrado a su misma semejanza. Jesús *no* fue engendrado por el Espíritu Santo. ¿Y quién era el Padre? Es el primero de la familia humana; y cuando El adoptó un tabernáculo [cuerpo], fue engendrado por su Padre celestial, de la misma forma que los tabernáculos de Caín, Abel y el resto de los hijos e hijas de Adán y Eva; de los frutos de la tierra, los primeros tabernáculos terrenales fueron originados por el Padre, y así sucesivamente... Jesús, nuestro hermano mayor, fue engendrado en la carne por el mismo personaje que estaba en el huerto de Edén, y que es nuestro Padre celestial" (*Journal of Discourses* —Diario de discursos—, Vol. I, págs. 50 y 51).

Ahora bien, para comprender lo que quería decir el "profeta" Young debería tomarse en cuenta otra de sus declaraciones hechas en el mismo contexto:

> Cuando Adán, nuestro padre, entró en el huerto de Edén, lo hizo con un cuerpo celestial, y llevó consigo a Eva, *una de sus mujeres.... El es nuestro PADRE y nuestro DIOS; y el único Dios con quien tenemos [NOSOTROS] que ver. [sic]*

Como ya hemos visto en la doctrina de Dios, la teología mormona enseña que el politeísmo es el orden divino. La piedra angular de su teología es la creencia en muchos dioses, y en muchos dioses polígamos. Parley Pratt, el destacado escritor de la secta cuyos libros son recomendados por las editoriales mormonas como representación de sus puntos de vista teológicos, también escribe en lo referente a esta doctrina:

> Cada uno de esos Dioses, incluyendo a Jesucristo y a su Padre, posee, no solamente un espíritu organizado, sino un cuerpo inmortal y glorioso de carne y hueso (*Key to the Science of Theology* —Clave para la ciencia teológica—, ed. 1966, pág. 44).

Además de este cuadro politeísta hay otras fuentes oficiales mormonas, muchas de las cuales confirman la concepción sexual de Jesús enunciada por Young y muchos otros. En *The Articles of Faith* —Los artículos de la fe—, el apóstol James Talmage escribió:

> Su especial condición en la carne [la de Cristo] como hijo de una madre mortal [María] y de un Padre inmortal —o resucitado y glorificado— [Elohim]. . . (pág. 473, ed. 1974).

Brigham Young, por tanto, enseñaba esta doctrina antibíblica, la cual expresó abiertamente en más de una ocasión como se relata en el *Journal of Discourses* —Diario de discursos—: Vol. 8, pág. 67; Vol. 4, pág. 218; Vol. 4, pág. 216; Vol. 10, pág. 192; Vol. 13, pág. 145; Vol. 9, pág. 291; Vol. 3, pág. 365; Vol. 4, pág. 27):

> Cuando llegó el momento de que su primogénito, el Salvador, viniera al mundo y tomase un tabernáculo (cuerpo), el Padre mismo vino y dotó a ese espíritu de un tabernáculo en vez de dejar que algún *otro* hombre lo hiciera (*Journal of Discourses* —Diario de discursos—, Vol. 4, pág. 218).

El error politeísmo de los mormones jamás se ha disimulado más claramente que en las afirmaciones anteriores, y la clasificación que hace Brigham Young del Padre como de un "hombre" glorificado y resucitado no se puede tomar en sentido erróneo. La frase "algún *otro* hombre" descarta cualquier esfuerzo de los apologistas mormones por defender a Young y revela toda esa enseñanza anticristiana.

Vemos, entonces, que la enseñanza mormona referente al nacimiento de nuestro Señor es una repugnante distorsión de la revelación bíblica en consonancia con el dogma de los Santos de los Ultimos Días de un dios de carne y hueso. En el pensamiento mormón, como se refleja en las declaraciones autorizadas de uno de sus profetas, nuestro Salvador fue el producto, no de una operación directa del Espíritu Santo, sino de unas auténticas relaciones sexuales entre "un Padre inmortal" —o resucitado y glorificado— y María: una idea blasfema equiparable a la infame mitología griega, en la que los dioses engendraban hijos humanos a través de la unión física con ciertas mujeres escogidas.

Brigham Young declaró además: "Jesús *no* fue engendrado por el Espíritu Santo. . . . Jesús, nuestro hermano mayor, fue engendrado en la carne por el mismo personaje que estaba en el huerto de Edén, y que es nuestro Padre celestial" (*Journal of Discourses* —Diario de discursos—, Vol. 1, págs. 50, 51). Resulta inequívoco que aquí se hace referencia a la doctrina del Adán-dios, sin importar con cuanta vehemencia nieguen hoy día los apologistas mormones que dicha doctrina se haya enseñado alguna vez. El lenguaje es demasiado claro, la referencia recíproca fácilmente demostrable, y la negación de que Jesús fuera concebido del Espíritu Santo algo obvio para todo el mundo.

No obstante, los líderes mormones, aunque aceptan la doctrina tal como Young la enunció, son sumamente cuidadosos de no dejar que "los gentiles" (todos los no mormones) comprendan todas las implicaciones de esta enseñanza hasta que se hallen bajo la extremadamente favorable influencia de la secta. Eso se ve por el hecho de que en la revista *Look*[23] más tarde reproducida en *A Guide to Religion in América* —Guía de las religiones de Estados Unidos—, de Leo Rosten (1963, págs. 131–141), los mormones utilizaban el subterfugio de la semántica para evitar una declaración de su postura ante el gran público.

En esa guía de las religiones, se formulaba la pregunta siguiente: "¿Creen los mormones en el nacimiento virginal?" (pág. 134); a lo que el portavoz de la secta, un miembro de alto rango de la jerarquía mormona, respondía: "Sí, los Santos de los Ultimos Días aceptan la concepción milagrosa de Jesucristo".

Ahora bien, es obvio que si el apóstol Richard L. Evans, portavoz de los mormones, hubiera expuesto la doctrina de Brigham Young —una doctrina que ha sido enseñada por su iglesia y que aparece en publicaciones autorizadas—, aun los cristianos nominales se habrían escandalizado y sentido estimulados a hacer algunos comentarios; y lo que no quiere de ninguna manera la Iglesia Mormona es una publicidad adversa. En realidad, los mormones mantienen un equipo de relaciones públicas a fin de evitar tales situaciones embarazosas. De modo que el señor Evans recurrió a las extravagancias semánticas en un esfuerzo porque su religión pareciera ortodoxa; cosa que no es.

Según la revelación del nacimiento virginal como se encuentra en la Escritura, nuestro Señor fue concebido por un acto directo de Dios Espíritu Santo totalmente ajeno a cualquier intervención humana. La Biblia es explícita al declarar que dicha concepción tuvo lugar estando María desposada con José "*antes* de que se juntasen". Mateo, por tanto, contradice de plano a Brigham Young con términos inequívocos al declarar: "Se halló que había concebido del Espíritu Santo" (Mateo 1:18). Y el ángel Gabriel, que apareció a José para tranquilizarlo en lo referente al origen divino de la concepción de Cristo, reiteró este hecho con las palabras: "Lo que en ella es engendrado, *del* Espíritu Santo es" (versículo 20).

Lucas, el médico amado, en su narración del nacimiento virginal, describe la revelación en cuanto a la concepción de nuestro Señor en términos inequívocos: "El Espíritu Santo vendrá sobre ti, y el poder del Altísimo te cubrirá con su sombra; por lo cual también el Santo Ser que nacerá, será llamado Hijo de Dios" (Lucas 1:35).

Sin embargo, algunos apologistas mormones han intentado demostrar con este versículo que la frase "el poder del Altísimo te cubrirá con su sombra" se refiere, en realidad, a la fecundación de María por el dios de los Santos de los Ultimos Días, y demuestra la veracidad de lo que afirmó Brigham Young. Pero como veremos por el relato de Mateo, se trata de una tesis insostenible y que no merece mayor refutación.

Es cierto que se han promovido muchos debates sobre el carácter del nacimiento virginal; pero la postura cristiana siempre ha estado basada en una aceptación literal del acontecimiento tal y como se registra en los primeros capítulos de Mateo y Lucas. Quizás debiera señalarse que aun los eruditos liberales y neoortodoxos han repudiado el concepto groseramente politeísta y pagano enunciado por Brigham Young y transmitido por la teología mormona.

Haríamos bien en recordar las negaciones del "profeta" Young, según las cuales "Jesús no fue engendrado por el Espíritu Santo.

. . .Jesús, nuestro hermano mayor, fue engendrado en la carne por el mismo personaje que estaba en el huerto de Edén, y que es nuestro Padre celestial", y contrastarlas con el testimonio fidedigno de la Palabra de Dios:

> Estando desposada María su madre con José, antes que se juntasen, se halló que había concebido del Espíritu Santo. . . un ángel del Señor le apareció en sueños y le dijo: José, hijo de David, no temas recibir a María tu mujer, porque lo que en ella es engendrado, del Espíritu Santo es (Mateo 1:18–20).

No hay duda de que la Iglesia Mormona se encuentra hoy día en una posición muy difícil en lo concerniente a su infame enseñanza acerca de la concepción de nuestro Señor. Algunos mormones con los que el autor ha conversado repudian fuertemente la doctrina de Brigham Young en cuanto al nacimiento virginal y sostienen que él jamás enseñó en realidad tal cosa; pero al ser confrontados con determinadas afirmaciones del *Journal of Discourses* —Diario de discursos— de Young, y con ciertas citas de revistas y periódicos mormones de los años 1854 a 1878 particularmente, se ven obligados a admitir que esa era la enseñanza de su iglesia durante el liderato de Brigham Young, y entonces, no queriendo tener que aparecer ante un "tribunal" mormón por no defender el ministerio profético de Young, se sumen en el silencio o afirman la doctrina con renuencia.

Cierto autor e historiador mormón, B. H. Roberts, escribiendo en el *Deseret News* (23 de julio de 1921, sec. 4, pág. 7), llegó a negar que la iglesia mormona enseñara la doctrina del Adán-dios y la del nacimiento virginal como la formuló Brigham Young. En respuesta a la acusación de la Iglesia Presbiteriana de que "la Iglesia Mormona enseña que Adán es Dios. . . y que Jesucristo es su hijo por procreación natural", el señor Roberts contestaba:

> En efecto, la Iglesia "Mormona" no enseña tal doctrina. Algunos hombres dentro de ella han sostenido esas ideas, y varios de ellos prominentes en los concilios "mormones". . . . quizás Brigham Young y otros hayan enseñado esa doctrina, pero *la iglesia nunca la ha aceptado como suya.*

Lo desafortunado en cuanto a la declaración del señor Roberts era: (1) que él no estaba autorizado para hablar en nombre de la iglesia; y (2) que era alguien que estaba en conflicto directo con las enseñanzas de la secta en lo concerniente a la autoridad profética; por no mencionar los *Articles of Faith* (Los artículos de la fe), de Talmage, previamente citados. Asimismo, Roberts utilizó un término cuidadosamente limitado al decir que "*quizás* Brigham Young y otros hayan enseñado esa doctrina". Como ya hemos visto, Brigham Young *sí* enseñó esa doctrina; y según la fe mormona, Young era un profeta de Dios, al igual que Joseph Smith, de la misma categoría que Jeremías, Ezequiel o Daniel. De manera que si Brigham Young la enseñó —especialmente en la Conferencia Semestral General de la Iglesia—, la doctrina *es*, por definición, doctrina de la Iglesia Mormona; una realidad sólo impugnada por eruditos del mormonismo mal informados. En nuestra opinión, debe documentarse más allá de toda duda razonable que la Iglesia Mormona acepta como su doctrina propia cualquier cosa que enseñaron Joseph Smith y Brigham Young; a fin de que el lector se familiarice con la desafortunada costumbre mormona de redefinir términos y modificar declaraciones a fin de eludir que se detecten sus verdaderas enseñanzas. La siguiente cita está tomada de *The Latter Day Saints Biographical Encyclopedia* —Enciclopedia biográfica de los Santos de los Ultimos Días— (5 de enero de 1901, No. 1, Vol. 1), una publicación oficial de la Iglesia Mormona, y revela claramente la autoridad de Brigham Young y su elevada posición en la Iglesia. A la luz de esta declaración, y de muchas otras, resulta difícil comprender cómo pueden sus doctrinas ser negadas por los mormones, aunque en realidad *nunca lo han sido*.

> En una revelación concedida a través del profeta Joseph Smith el 19 de enero de 1841, el Señor dice: "Les doy a mi siervo, Brigham Young, para que sea presidente del concilio itinerante de los Doce; los cuales tienen las llaves para abrir la autoridad de mi reino en los cuatro extremos de la tierra, y después de ello enviar mi palabra a toda criatura".
>
> El Quórum de los Doce tiene la misma autoridad que la Presidencia de la Iglesia, y en caso de defunción del Profeta, los Doce gobiernan sobre la Iglesia con su Presidente a la cabeza; y así pasó al frente Brigham Young, el hombre que Dios había designado para suceder al profeta Joseph Smith.... Cuando los Doce fueron confirmados como autoridad para presidir la Iglesia, Brigham Young se levantó a hablar, y en presencia de la multitud fue transfigurado por el espíritu y el poder de Dios, de tal manera que

su forma, tamaño, semblante y voz se manifestaron como los del Profeta mártir. Aun los que no eran miembros se quedaron asombrados, y esperaban ver y escuchar al fallecido vidente. Desde aquel momento, cualquier duda o incertidumbre fue disipada del corazón de los fieles, quienes quedaron completamente persuadidos de que el manto de Joseph Smith había caído sobre Brigham Young. La persecución no cesó tras el martirio de Joseph e Hyrum; los profetas habían sido muertos, pero la verdad estaba viva. El hombre que ocupó la dirección terrena había sido arrebatado, pero su autoridad era conferida a otros. . . . Durante su mandato de treinta años como Presidente de la Iglesia, realizó frecuentes giras acompañado de sus asociados en el sacerdocio. . . . Aunque no pronunció tantas profecías precisas, sí edificó fielmente sobre el fundamento puesto por el profeta Joseph Smith, y todos sus movimientos y consejos fueron proféticos, como quedó plenamente demostrado por los acontecimientos subsiguientes. Fue profeta, estadista, pionero y colonizador (págs. 11, 13, 14).

Para complementar este relato detallado de la autoridad y posición de Brigham Young como fuente de fiabilidad doctrinal, el lector encontrará innumerables declaraciones referentes al gobierno de la Iglesia Mormona en la literatura que la secta difunde, la cual indica que cada Presidente sucesivo de la Iglesia viste el "manto profético" de Joseph Smith y Brigham Young; también a ellos se los considera profetas de Dios como a los dos primeros.

Cuando se examinan todos los datos hay dos cosas que emergen de la masa de evidencia disponible, las cuales ningún escritor mormón ha intentado todavía justificar: el hecho de que la Iglesia Mormona enseña la autoridad absoluta de sus profetas y de que se considera a Brigham Young como el *segundo* más importante en el linaje profético. Por lo tanto, cuando uno lee las declaraciones de Young concernientes a la naturaleza de Dios y al nacimiento virginal de nuestro Señor en particular, y percibe debidamente las tácticas tortuosas de los mormones y su marcada falta de negación oficial en lo concerniente a las enseñanzas de Young y de otros miembros prominentes de la secta, queda muy poco que imaginar en cuanto a sus verdaderas doctrinas. El cristiano que reverencia la revelación que Dios ha dado referente a la naturaleza del nacimiento de su Hijo no puede comulgar con los mormones, quienes suscriben las enseñanzas de su profeta. En adelante, siempre que los mormones hablen de la "concepción milagrosa de

Jesucristo", recordemos bien lo que quieren dar a entender con esa expresión; ya que de ninguna forma puede equipararse con la enseñanza del Nuevo Testamento, donde Dios ha dicho: "Lo que en ella es engendrado, *del* Espíritu Santo es" (Mateo 1:20).

## La salvación y el juicio en el mormonismo

La salvación personal es una de las doctrinas que más se enfatizan en el mormonismo, y ya que el cristianismo constituye el evangelio o las "Buenas Nuevas" de la redención de Dios en Cristo, resulta inevitable que ambos movimientos entren en conflicto.

La doctrina mormona de la salvación implica no sólo fe en Cristo sino también bautismo por inmersión, obediencia a la enseñanza de la Iglesia de Jesucristo de los Santos de los Ultimos Días, buenas obras, y "guardar los mandamientos de Dios, (los cuales) limpiarán las manchas del pecado" (*Journal of Discourses* —Diario de discursos—, Vol. 2, pág. 4). Aparentemente Brigham ignoraba la declaración bíblica de que "sin derramamiento de sangre no se hace remisión [de pecado]" (Hebreos 9:22).

La enseñanza mormona referente a la salvación es, por tanto, bastante contraria a la revelación del Nuevo Testamento de justificación por fe y redención solamente por gracia mediante la fe en Cristo (Efesios 2:8–10).

Brigham Young, una fuente mormona autorizada según todas las normas, estaba bastante opuesto a la doctrina cristiana de la salvación, la cual enseña que una persona puede en cualquier momento arrepentirse de sus pecados, incluso al último momento, y recibir perdón y vida eterna. Young escribió:

> Algunas de nuestras antiguas tradiciones nos enseñan que un hombre culpable de actos atroces y asesinos puede arrepentirse y ser salvo en el patíbulo, y que después de su ejecución oirá: "¡Gloria a Dios! Ha ido al cielo, para ser coronado en gloria gracias a los méritos plenamente redentores de Cristo el Señor!" Esos no son más que disparates; un personaje así jamás verá el cielo" (*Journal of Discourses* —Diario de discursos—, Vol. 8, pág. 51).

El profeta Young nunca explicó las palabras del Señor Jesucristo dirigidas al ladrón crucificado que se había arrepentido de sus pecados en el último momento, por así decirlo, clamando: "¡Acuérdate de mí cuando vengas en tu reino!" (Lucas 23:42). La respuesta de nuestro Salvador fue inequívoca: "De cierto te digo que hoy estarás conmigo en el paraíso" (Lucas 23:43).

Brigham Young también pasó por alto la parábola de los obreros de la viña (Mateo 20:1–16), que presenta la enseñanza de Cristo acerca de que Dios accede a dar a todos los que le sirven la misma herencia, es decir, la vida eterna. Young se habría contado probablemente entre las voces que "murmuraban contra el padre de familia, diciendo: Estos postreros han trabajado una sola hora, y los han hecho iguales a nosotros, que hemos soportado la carga y el calor del día" (versículos 11, 12).

Sin embargo, la respuesta del Señor es clara como la luz meridiana: "Amigo, no te hago agravio; ¿no conviniste conmigo en un denario? Toma lo que es tuyo, y vete; pero quiero dar a este postrero, como a ti. ¿No me es lícito hacer lo que quiero con lo mío? ¿O tienes tú envidia, porque yo soy bueno?" (versículos 13–15).

Para utilizar una ilustración moderna, nuestro Señor estaba obviamente enseñando que el "sueldo básico" que se da a todos los obreros en el Reino, es el mismo; a saber, la redención eterna. Pero las recompensas son diferentes, según la duración y la calidad de los servicios prestados; de manera que cualquiera que va a Cristo buscando salvación, la recibe, ya sea a la primera hora o a la hora undécima. La Escritura nos dice que "el don de Dios" es la "vida eterna"; y aunque se puedan ganar recompensas por los servicios a medida que el creyente se rinde al poder del Espíritu Santo y lleva fruto para el Señor, Dios no hace acepción de personas, y dispensa su salvación por igual y sin favoritismos a todos los que la quieran.

Según el esquema de salvación de los mormones, los dioses que crearon esta tierra en realidad planearon que Adán, que habría de llegar a ser el soberano de este dominio, y su mujer, Eva, pecaran, para que la raza humana que ahora habita el planeta pudiera existir y con el tiempo alcanzar la divinidad. La caída en el huerto de Edén fue en realidad el medio "por el cual Adán y Eva se hicieron mortales y pudieron engendrar hijos humanos" (J. Widtsoe, *A Rational Theology* —Una teología racional—, Deseret Publishing Company. pág. 47).

Ya que los mormones creen en la preexistencia del alma humana, es parte de su teología que esas almas preexistentes deben tomar forma de hombre, puesto que resulta necesario que tengan cuerpo para poder disfrutar de poder y gozo. Esta fue la justificación primitiva mormona para la poligamia, que aceleraba la creación de cuerpos para esos hijos preexistentes de la caravana de dioses de Joseph Smith. Una lectura cuidadosa del *Libro de Abrahán* revelará que la vida sobre esta tierra fue ideada por los dioses para disciplinar a sus espíritus hijos y al mismo tiempo proporcionar a éstos las oportunidades de reproducirse y con el tiempo heredar la naturaleza divina y reinos individuales para su posesión personal.

Según la revelación mormona, el sitio donde se concibieron estos planes fue la gran estrella Kolob, y no supondrá ninguna sorpresa para los eruditos del mormonismo saber que Lucifer, que era un espíritu hermano de Jesús antes de su encarnación, cayó del cielo a causa de su envidia de Cristo. Jesús fue designado por los dioses como redentor de la raza que caería a concecuencia del pecado de Adán, y Lucifer aspiraba a ese cargo, de ahí su antipatía por Cristo.

Incluso se cita a Lucifer diciendo: "Heme aquí, envíame. Seré tu hijo y rescataré a todo el género humano, de modo que no se perderá una sola alma, y de seguro lo haré; dame, pues, tu honra" (el capítulo 4 del *Libro de Moisés*, contenido en la *Perla de gran precio*, cataloga todos esos acontecimientos, e incluye la caída de Satanás y el establecimiento del huerto de Edén —capítulo 6—, el cual, según "reveló" Joseph Smith en otro lugar, se encontraba en realidad en Missouri, EE.UU., y no en la zona de Mesopotamia).

*El Libro de Moisés* narra también que Caín, el primer asesino, fue el progenitor de la raza negra, y que el color negro de la piel resultó de una maldición de Dios. Sobre esta base, los mormones evitaron y pasaron por alto a los negros durante años en su labor misionera, creyendo que las almas preexistentes a las que se consideró poco valientes en la "batalla en el cielo" entre Cristo y Satanás fueron castigadas asignándoseles cuerpos negros durante su etapa humana. Hasta 1978, se les negaron a los negros todas las "bendiciones" y todos los "privilegios" del sacerdocio, pero una revelación de conveniencia les dio pleno acceso a esas glorias y quitó hábilmente el último obstáculo principal para la evangelización mormona de Africa y del resto del mundo libre.

Los indios, que son supuestamente descendientes de los malvados lamanitas del *Libro de Mormón*, han sido maldecidos al parecer por la deidad mormona con pieles oscuras como castigo por las fechorías de sus antepasados. El mormonismo, por tanto, es claramente una religión con un pasado vergonzoso de doctrinas y prácticas de supremacía blanca.

Estos y otros muchos factores interesantes constituyen el trasfondo de la doctrina mormona de la salvación; pero también es importante que entendamos la enseñanza de los mormones referente a su redentor, uno de los principales aspectos de controversia con el cristianismo histórico.

## El Salvador mormón

El relato de la Biblia concerniente al Salvador del mundo, el Señor Jesucristo, es bien conocido de los estudiantes de las Escrituras. En la teología cristiana no hay más que un Dios (Deuteronomio 6:4; 1 Corintios 8:4–6), y Jesucristo es su Verbo eterno hecho carne (Juan 1:1 y 1:14). Era el cometido de la Segunda Persona de la Trinidad, al ser recibida por los hijos de los hombres, darles a éstos el poder de ser hijos de Dios (Juan 1:12); lo cual, según la Escritura, sucedió como consecuencia del inmerecido favor de Dios y de su gran amor por una raza perdida.

El Señor Jesús ofreció un único sacrificio eterno por todos los pecados, y su salvación no viene por las obras de la ley ni por esfuerzo humano de ningún tipo (Gálatas 2:16 y Efesios 2:9), sino solamente por gracia mediante la fe (Efesios 2:8). El Salvador de la revelación del Nuevo Testamento existía eternamente como Dios; vivió una vida santa, inocua e incontaminada, apartada de los pecadores, y "no conoció pecado"; fue un "varón de dolores experimentado en quebranto", "el Cordero de Dios que quita el pecado del mundo" (Juan 1:29).

Sin embargo, el Salvador del mormonismo es una persona completamente distinta, como revelan claramente las publicaciones oficiales de la secta. El Salvador mormón no es la Segunda Persona de la Trinidad cristiana —ya que, como hemos visto antes, los mormones rechazan la doctrina cristiana de la Trinidad—, ni siquiera una réplica cuidadosa del Redentor del Nuevo Testamento. En la teología mormona, Cristo, como espíritu preexistente, no sólo era el espíritu hermano del diablo (según se aludía en la *Perla de gran precio*, Moisés 4:1–4 y más tarde reafirmaba Brigham Young en el *Journal of Discourses* —Diario de discursos—, Vol. 13, pág. 282), sino que celebró su propio matrimonio tanto con "las Marías como con Marta, por lo que pudo ver a su descendencia antes de que lo crucificaran" (apóstol Orson Hyde, *Journal of Discourses* —Diario de discursos—, Vol. 4, págs. 259, 260). Como ya hemos visto, el concepto mormón del nacimiento virginal, por sí solo, distingue a su "Cristo" del Cristo de la Biblia.

Además de este repugnante concepto, Brigham Young afirmó categóricamente que el sacrificio realizado en la cruz por Jesucristo mediante su propia sangre, fue ineficaz para la limpieza de *algunos* pecados; y siguió enseñando la doctrina ahora suprimida pero jamás repudiada oficialmente de la "expiación por la sangre".

Para comprender mejor la limitación que hacía Young del poder limpiador de la sangre de Cristo, nos referiremos a sus propias palabras:

> Suponga que usted sorprende a su hermano en la cama con la propia esposa de usted, y los atraviesa a ambos con una jabalina; usted sería justificado, y ellos harían expiación por sus pecados y serían recibidos en el reino de Dios. En un caso así, yo lo haría inmediatamente; y bajo tales circunstancias no tengo esposa a la que ame tanto que no esté dispuesto a traspasarle el corazón con una jabalina, y lo llevaría a cabo con una conciencia limpia. . . .
>
> No hay hombre ni mujer que viole los pactos hechos con su Dios y a quien no se le pida que pague su deuda. La sangre de Cristo jamás limpiará eso, es la propia sangre de uno la que debe expiarlo; y los juicios del Altísimo llegarán, tarde o temprano, y todo hombre o mujer tendrá que hacer expiación por sus pactos. . . Toda la humanidad se ama a sí misma, y si estos principios llegan a ser conocidos por un individuo, el tal estará contento de que se vierta su propia sangre. . . . Podría referirles innumerables casos en los que los hombres han sido muertos justamente a fin de hacer expiación por sus pecados. . . . Eso es amar a nuestro prójimo como a nosotros mismos; si necesita ayuda, ayúdelo; y si quiere salvación y resulta necesario derramar su sangre sobre la tierra para que pueda ser salvo, derrámela" (*Journal of Discourses* —Diario de discursos—, Vol. 3, pág. 247, y Vol. 4, págs. 219, 220).

Tan clara era la negación de Brigham Young de toda la suficiencia y eficiencia del sacrificio expiatorio de Cristo en la cita anterior, que los mormones han tenido que idear un argumento para "explicar" lo que el profeta quería realmente decir. Su tesis es que a un criminal "se le ejecuta para que expíe sus crímenes, y eso era todo lo que quería decir Brigham Young".

Sin embargo, los "Santos de los Ultimos Días" omiten por completo cualquier discusión del hecho de que la afirmación de Young no versaba en absoluto sobre ese tema. Brigham Young declaró que lo que la sangre de Cristo *no* podía limpiar, podía ser expiado con la de uno mismo. ¡Esto enseña que en algunos casos el sacrificio humano —que Brigham Young afirma tenía lugar y el cual él mismo aprobaba— era eficaz allí donde no lo era la sangre de Cristo!

Los mormones no quieren tener nada que ver con la doctrina bíblica de la plena suficiencia del sacrificio expiatorio de Cristo como la expresa Juan: "La sangre de Jesucristo su Hijo nos limpia de *todo* pecado" (Juan 1:7); ya que esto no sólo contradice a Young, sino que al mismo tiempo revela la verdadera enseñanza bíblica.

El texto bíblico no deja lugar a dudas de que es en Jesucristo donde tenemos redención, y de que su sangre es el medio para limpiar nuestras conciencias (Hebreos 9:14) y liberarnos del pecado (Apocalipsis 1:5). Es la base misma de nuestra justificación (Romanos 5:9).

El Cristo de los mormones no puede salvar, ya que como lo describe el apóstol Pablo es "otro Jesús", tema de "otro evangelio" y originador de "un espíritu diferente" cuyo precursor (el mensajero angélico Moroni) fue predicho por Pablo (Gálatas 1:8, 9) y el cual ha de ser considerado "anatema" —o más literalmente, "maldito" por Dios en el griego— junto con toda la revelación.

Quizás a algunos les resulte difícil captar lo que en efecto supone un concepto increíble; pero el mormonismo se ajusta perfectamente a la descripción que hace la Palabra de Dios. El más grande de los apóstoles, en su segunda carta a la iglesia de Corinto, y después de mencionar a un Jesús, un evangelio y un espíritu falsificados, sigue expresando que tales casos no deberían causar sorpresa a la Iglesia cristiana:

> Porque éstos son falsos apóstoles, obreros fraudulentos, que se disfrazan como apóstoles de Cristo. Y no es maravilla, porque el

mismo Satanás se disfraza como ángel de luz. Así que, no es extraño si también sus ministros se disfrazan como ministros de justicia; cuyo fin será conforme a sus obras" (2 Corintios 11:13–15).

Verdaderamente se trata de un lenguaje duro; pero es el lenguaje que Dios ha escogido, y nadie que tome en serio las revelaciones de la Escritura y la autoridad apostólica puede hacer caso omiso de él.

El mormonismo, con sus apóstoles, su sacerdocio, sus templos, sus señales secretas, sus símbolos, sus apretones de manos y sus misterios, se hace pasar, bastante literalmente, por "la Iglesia de la restauración"; pero en su centro, en su doctrina del Mesías, resulta ser contrario a toda declaración principal de la Biblia.

## ¿Salvación por gracia?

Resulta frecuente encontrar en la literatura mormona la afirmación de que "todos los hombres son salvos únicamente por gracia sin ningún acto de su parte". Aunque esta declaración parece perfectamente ortodoxa, es necesario estudiar todas las manifestaciones mormonas relacionadas con esta doctrina para saber de un modo preciso qué es lo que en realidad quieren dar a entender con lo que parecen decir.

En una publicación mormona oficial (*What the Mormons Think of Christ* —Lo que piensan los mormones de Cristo—, de B. R. McConkie), los Santos de los Ultimos Días dan su propia interpretación:

La gracia es simplemente la misericordia, el amor y la condescendencia que Dios tiene para con sus hijos; como consecuencia de lo cual él ha ordenado el plan de salvación a fin de que puedan contar con el poder para progresar y llegar a ser como él. . . . Todos los hombres son salvos únicamente por gracia sin ningún acto de su parte; lo cual significa que son resucitados y llegan a ser inmortales debido al sacrificio expiatorio de Cristo. . . . Además de esta redención de la muerte, todos los hombres, por la gracia de Dios, tienen el poder para alcanzar la vida eterna. A esto se llama salvación por gracia unida a la obediencia a las leyes y ordenanzas del evangelio. De ahí que Nefi fuera guiado a escribir: "Trabajamos diligentemente escribiendo, persuadiendo a nuestros hijos y a nuestros hermanos para que crean en Cristo y se reconcilien con Dios; porque sabemos que es por gracia como somos salvos *después de haber hecho todo lo que podemos*".

Los cristianos hablan a menudo de la sangre de Cristo y de su poder limpiador; sin embargo, gran parte de lo que se cree y se enseña acerca de este tema es un disparate tan completo y tan palpablemente falso que creerlo supone perder la salvación. Muchos, por ejemplo, llegan hasta a aparentar, e incluso a creer, que si confesamos a Cristo con nuestros labios y declaramos aceptarlo como nuestro Salvador personal, somos salvos. Según dicen, sin otro acto que la mera creencia, nos limpia.... Por último, en nuestros días, él ha dicho claramente: "Mi sangre no los limpiará si no me escuchan".... La salvación en el reino de Dios está disponible gracias a la sangre expiatoria de Cristo; pero se recibe sólo a condición de que haya fe, arrepentimiento, bautismo, y *perseverancia hasta el fin guardando los mandamientos de Dios*. (págs. 27–33).

Lo anterior es un ejemplo típico de lo que podríamos llamar insinceridad teológica: en un momento se afirma la gracia como un principio salvador, y en el siguiente se declara que ésta va "unida a la obediencia a las leyes y ordenanzas del evangelio"; expresándose por último que el confesar a Cristo y aceptarlo como "Salvador personal" es un "completo disparate" y "palpablemente falso". McConkie desprecia el hecho de que la sangre de Cristo "sin otro acto que la mera creencia, nos limpia" (pág. 31).

La postura bíblica sobre el asunto es, sin embargo, bastante clara: somos salvos únicamente por gracia, como antes mencionamos, pero esto de ninguna manera nos conferirá "el poder para progresar y llegar a ser como El". Como vimos anteriormente, en el sentido que le dan los mormones, tal progresión se refiere a llegar a ser un dios, y no a la doctrina cristiana de la santificación o a aquella según la cual la vida del creyente se va haciendo más conforme con el Espíritu Santo como claramente se enuncia en la Epístola a los Romanos (capítulos 8 y 12).

La afirmación del señor McConkie de que la "salvación por gracia" debe ir "unida a la obediencia a las leyes y ordenanzas del evangelio" para que una persona sea salva, introduce inmediatamente toda la colección mormona de prácticas y requisitos legalistas, y al final la salvación no es un absoluto por gracia, sino que en realidad está ligada a esfuerzos humanos: "bautismo y perseverancia hasta el fin guardando los mandamientos de Dios" (pág. 33).

Esta no es la doctrina cristiana de la redención que tan gráficamente describía el apóstol al escribir:

> Sabiendo que fuisteis rescatados de vuestra vana manera de vivir, la cual recibisteis de vuestros padres, no con cosas corruptibles, como oro o plata, sino con la sangre preciosa de Cristo, como de un cordero sin mancha y sin contaminación. . . siendo renacidos, no de simiente corruptible, sino de incorruptible, por la palabra de Dios que vive y permanece para siempre (1 Pedro 1:18, 19, 23).

En diametral oposición al concepto de los mormones, la confesión de Cristo con los labios y la aceptación de El como "Salvador personal" es en realidad el medio de nuestra salvación como individuos. Es el texto bíblico el que dice que "con el corazón se cree para justicia, pero con la boca se confiesa para salvación" (Romanos 10:10). El mandamiento del evangelio es: "Cree en el Señor Jesucristo, y serás salvo" (Hechos 16:31). Esto, desde luego, resulta completamente extraño a lo que los mormones quieren hacernos creer: Jesucristo no murió sólo para asegurar nuestra resurrección, como declara el señor McConkie (pág. 27), sino para reconciliarnos con Dios, para salvarnos con gracia, para redimirnos con sangre, y para santificarnos por su Espíritu. Pero los mormones rechazan de la manera más decidida tales doctrinas bíblicas, y parece que no son capaces de concebir a un Dios que puede salvar sin el esfuerzo humano, como revela la declaración de Nefi: "Porque sabemos que es por gracia como somos salvos *después de haber hecho todo lo que podemos*" (pág. 288).

En el mormonismo son salvos los que se esfuerzan por alcanzar la perfección, la santificación y la deidad; la gracia es algo meramente casual.

Fue ni más ni menos que una autoridad como Brigham Young la que enseñó referente a la salvación: "Pero a todos los que le recibieron, les dio poder para *seguir siendo* hijos de Dios" (*Journal of Discourses* —Diario de discursos—, Vol. 4, pág. 7).

Según la teología de Young: "En vez de recibir el evangelio para llegar a ser hijos de Dios, yo diría que recibimos el evangelio para *seguir* siendo hijos de Dios. ¿Acaso no éramos ya todos hijos de Dios cuando vinimos a este mundo? El antiguo Faraón, rey de Egipto, era tan hijo de Dios como Moisés y Aarón, sólo que con una diferencia: él rechazó la palabra del Señor, la luz verdadera, y ellos la recibieron".

De acuerdo con su doctrina de la preexistencia de las almas, los mormones creen que ellos ya son hijos de Dios, y que su aceptación de éste los capacita meramente para "seguir siendo hijos de Dios"; una clara contradicción del texto bíblico, que afirma: "Mas a todos los que le recibieron, a los que creen en su nombre, les dio potestad de ser hechos hijos de Dios" (Juan 1:12).

El apóstol Pablo señala, con una fuerza arrolladora, que: "*No* los que son hijos según la carne son hijos de Dios, sino que los que son hijos según la promesa son contados como descendientes (Romanos 9:8); y con igual certidumbre afirma que sólo a los que son guiados por el Espíritu de Dios se les puede llamar hijos de Dios (Romanos 8:14). Resulta difícil entender cómo "el antiguo Faraón, rey de Egipto, era tan hijo de Dios como Moisés y Aarón", según dijo Brigham Young.

La enseñanza bíblica es que: "Todos sois hijos de Dios por la fe en Cristo Jesús" (Gálatas 3:26); un hecho que, sin duda, se le escapó a Young.

Una de las declaraciones grandiosas y verdaderas de la Palabra de Dios es que la salvación "no depende del que quiere, ni del que corre, sino de Dios que tiene misericordia" (Romanos 9); y que Jesucristo nos redimió de la maldición de la ley, hecho por nosotros maldición (Gálatas 3:13).

Nuestro Señor enseñó: "Todo lo que el Padre me da, vendrá a mí; y al que a mí viene, no le echo fuera" (Juan 6:37); y la salvación que todavía ofrece a los hombres perdidos no es "por obras de justicia que nosotros hubiéramos hecho, sino por su misericordia" (Tito 3:5).

En la religión mormona se enseña osadamente la salvación universal; ya que como lo expresó el señor Evans, el mencionado apóstol y portavoz de la Iglesia: "Los mormones creen en la salvación universal: que todos los hombres serán salvos, aunque cada uno en su debido orden" (revista *Look*, 5 de octubre de 1954).

La Escritura, sin embargo, enseña que no todos los hombres serán salvos, y que al final de los tiempos algunos irán "al castigo eterno, y los justos a la vida eterna" (Mateo 25:41, 46).

Las siguientes advertencias sombrías del apóstol Juan sigue presentando batalla a la doctrina de la salvación universal:

Y vi a la bestia, a los reyes de la tierra y a sus ejércitos, reunidos para guerrear contra el que montaba el caballo, y contra su ejército. Y la bestia fue apresada, y con ella el falso profeta que había hecho delante de ella las señales con las cuales había engañado a los que recibieron la marca de la bestia, y habían adorado su imagen. Estos dos fueron lanzados vivos dentro de un lago de fuego que arde con azufre. Y el diablo que los engañaba fue lanzado en el lago de fuego y azufre, donde estaban la bestia y el falso profeta; y serán atormentados día y noche por los siglos de los siglos. Y el que no se halló inscrito en el libro de la vida fue lanzado al lago de fuego. Pero los cobardes e incrédulos, los abominables y homicidas, los fornicarios y hechiceros, los idólatras y todos los mentirosos tendrán su parte en el lago que arde con fuego y azufre, que es la muerte segunda. El también beberá del vino de la ira de Dios, que ha sido vaciado puro en el cáliz de su ira; y será atormentado con fuego y azufre delante de los santos ángeles y del Cordero; y el humo de su tormento sube por los siglos de los siglos. Y no tienen reposo de día ni de noche los que adoran a la bestia y a su imagen, ni nadie que reciba la marca de su nombre (Apocalipsis 19:19, 20; 20:10, 15; 21:8; 14:10, 11).

Por mucho que esforcemos la imaginación no podremos encontrar en estos pasajes la salvación universal, ya que las palabras griegas están en su forma más enérgica e indican tormento, juicio y un fuego eterno que desafía cualquier análisis químico humano.

La doctrina mormona del "matrimonio celestial" derivada de su concepto original de la poligamia y sustituida por éste en 1890, cuando los mormones fueron obligados a abandonar su conducta inmoral bajo pena de perder el estado de Utah, está ligada a la enseñanza de la salvación. Los mormones creen que la unidad familiar perdurará por los siglos de los siglos; de ahí su insistencia en "unir" a los hombres mormones con muchas mujeres y a "sellar" sus familias. Por esta razón hay muchos ritos y ceremonias especiales instituidas a favor de los muertos (particularmente de familiares), tales como el bautismo por personas difuntas y la imposición de manos sobre ellas (para la concesión del don del Espíritu Santo), todas por sustitución.

## La escatología mormona

Los mormones creen en el segundo advenimiento literal de Cristo, y enseñan que al regreso del Señor los judíos habrán sido reunidos en Palestina, ellos serán congregados milagrosamente en Missouri, y el juicio de Dios se derramará sobre la tierra en todo lugar salvo en la Jerusalén antigua y en la nueva. (Véase *Doctrinas y convenios* 29:9–11).

Los mormones tienen también algo en común con la secta del Anglo-Israel, al creer como creen en la restauración de las diez tribus perdidas. La diferencia está en que los anglo-israelitas creen que dichas diez tribus perdidas son los ingleses; mientras que los mormones tienen la certeza de que éstas se encuentran en algún sitio de la región polar y serán liberadas y transportadas a Sion (Missouri) donde compartirán todas las riquezas que han acumulado con el resto de los "santos". "Los hombres han despilfarrado millones de dólares y cientos de vidas tratando de encontrar un país más allá del Polo Norte; y todavía encontrarán dicho país: una tierra cálida y fructífera habitada por las diez tribus de Israel; un país dividido por un río, a un lado del cual vive la media tribu de Manasés que es más numerosa que todas las otras. Así dijo el Profeta (Joseph Smith)" (*The Young Woman's Journal*, Vol. 3, págs. 263, 264. Véase también *Mormonism and the Mormons* —El mormonismo y los mormones—, D. P. Kidder, pág. 91).

Los mormones creen asimismo en la resurrección física de todos los hombres, y en la salvación en un cielo triple. En la teología mormona hay tres cielos: el telestial, el terrenal y el celestial. El cielo más bajo está destinado a los paganos que rechazaron el evangelio y a los que en ese tiempo sufran en el infierno esperando la última resurrección. El segundo cielo estará habitado por los cristianos que no aceptaron el mensaje mormón, los mormones que hayan vivido por debajo de los requisitos de su iglesia, y los hombres de buena voluntad de otras religiones que hayan rechazado la revelación de los santos. El último cielo —el celestial— está a su vez dividido en tres niveles; el más alto de los cuales es la deidad, o la posesión de un reino para uno mismo y su familia. Para este estado en particular se necesita cumplir el requisito de haber sido sellado en matrimonio celestial en un templo mormón mientras aún se encontraba uno en la tierra. Aun en el reino celestial, la divinidad se adquiere por progresión lenta; y al final, cada uno de los que lleguen a ser dioses reinará y poblará con su familia un planeta propio distinto.

Resulta casi superfluo comentar que todo este esquema de consumación de la salvación mormona es la antítesis de la revelación bíblica, que no habla nada de llegar a ser dioses —ya sea en forma constituida o progresiva—, y que en vez de eso enseña que en el cielo el destino de los redimidos lo constituirá la providencia especial de Dios mismo: "Cosas que ojo no vio, ni oído oyó, ni han subido en corazón de hombre", esas son "las que Dios ha preparado para los que le aman". Dios nos ha revelado dichas cosas a nosotros por su Espíritu; pero como tan elocuentemente lo expresa Pablo: "Ahora vemos por espejo, oscuramente; mas *entonces*, veremos cara a cara" (1 Corintios 13:12).

Entendamos claramente, pues, que la salvación en el sentido

bíblico es el don gratuito de Dios por gracia sólo, mediante la fe en el sacrificio vicario de Cristo en la cruz. El Señor Jesucristo dijo: "El que oye mi palabra, y cree al que me envió, *tiene* vida eterna; y no vendrá a condenación, mas ha pasado de muerte a vida" (Juan 5:24).

El mandamiento del Evangelio para todos los hombres en todo lugar, es: ¡Arrepiéntanse! "Por cuanto [Dios] ha establecido un día en el cual juzgará al mundo con justicia, por aquel varón a quien designó, dando fe a todos con haberle levantado de los muertos" (Hechos 17:31).

Las Escrituras discrepan de los mormones en lo referente a su insistencia en las buenas obras como *medio de salvación*. El libro de Santiago enseña claramente (capítulo 2) que las buenas obras son el *resultado* de la salvación, y que dichas buenas obras nos justifican delante de los hombres, demostrando que tenemos fe, la cual nos justifica delante de Dios (Romanos 4 y 5).

Ningún mormón puede pretender hoy día que *tiene* vida eterna en Cristo; ese es el mismo poder del evangelio que es confiado a la iglesia de Cristo (Romanos 1:16, 17), utilicémoslo por tanto en un esfuerzo por traer a los mormones al conocimiento redentor del verdadero Cristo de la Escritura y a la costosa salvación que El compró para nosotros con su propia sangre.

Juan, el apóstol amado, lo ha resumido de esta manera:

Si recibimos el testimonio de los hombres, mayor es el testimonio de Dios; porque este es el testimonio con que Dios ha testificado acerca de su Hijo. El que cree en el Hijo de Dios, tiene el testimonio en sí mismo; el que no cree a Dios, le ha hecho mentiroso, porque no ha creído en el testimonio que Dios ha dado acerca de su Hijo. Y este es el testimonio: que Dios nos ha dado vida eterna; y esta vida está en su Hijo. El que tiene al Hijo tiene la vida; el que no tiene al Hijo de Dios no tiene la vida. Estas cosas os he escrito a vosotros que creéis en el nombre del Hijo de Dios, para que sepáis que tenéis vida eterna, y para que creáis en el nombre del Hijo de Dios. Y esta es la confianza que tenemos en él, que si pedimos alguna cosa conforme a su voluntad, él nos oye. Y si sabemos que él nos oye en cualquier cosa que pidamos, sabemos que tenemos las peticiones que le hayamos hecho. Sabemos que somos de Dios, y el mundo entero está bajo el maligno. Pero sabemos que el Hijo de Dios ha venido, y nos ha dado entendimiento para conocer al que es verdadero; y estamos en el verdadero, en su Hijo Jesucristo. Este es el verdadero Dios, y la vida eterna (1 Juan 5:9–15, 19, 20).

Sigamos en su línea de pensamiento, porque "la noche viene, cuando nadie puede trabajar"; y también los mormones son almas por las cuales murió Cristo.

En las páginas anteriores hemos visto cómo la religión mormona utiliza tanto las frases como los términos bíblicos, e incluso adopta algunas doctrinas cristianas, para pretender fidelidad a la fe de Cristo. Los mormones han llegado también a poner mucho énfasis en las relaciones públicas y mucho cuidado en no utilizar un lenguaje que pueda revelar el verdadero carácter de sus desviaciones teológicas. También hemos visto que la Iglesia Mormona se considera a sí misma como la única Iglesia verdadera de Cristo en nuestro tiempo, y además que estima a todos los otros grupos como gentiles y apóstatas de la religión cristiana verdadera.

También hemos examinado las palabras del mismo Joseph Smith, a quien todos los mormones reconocen inevitablemente como el profeta de Dios, igual o superior a cualquiera de los profetas del Antiguo Testamento.

El profeta Smith escribía con relación a una supuesta entrevista con la deidad:

> Mi propósito al ir era inquirir del Señor cuál de todas las sectas tenía razón, a fin de saber a cuál de ellas afiliarme. Por tanto, tan pronto como me recuperé lo suficiente para poder hablar, hice la pregunta a los personajes que estaban en la luz que había sobre mí.
>
> Se me contestó que no debía afiliarme a ninguna de aquellas sectas, ya que todas estaban equivocadas; y el personaje que me hablaba dijo que todos los credos eran abominación a sus ojos; que aquellos maestros estaban todos corrompidos. "Con sus labios se acercan a mí —expresó—, pero su corazón está lejos de mí. Enseñan doctrinas y mandamientos de hombres que tienen apariencia de piedad pero niegan la eficacia de ella".
>
> De nuevo me prohibió que me afiliase a ninguna de ellas; y muchas otras cosas me dijo que no puedo escribir en esta ocasión.[24]

Además de esta declaración de Smith, Samuel W. Taylor, un destacado autor mormón, escribió la siguiente respuesta a la pregunta de si los mormones eran cristianos:

> Ciertamente que sí, pero ni protestantes ni católicos. Los mormones creen que hubo un abandono del verdadero cristianismo por parte de las otras iglesias, y que su religión es el evangelio restaurado.[25]

A la luz de estos hechos, todo el mundo puede ver sin dificultad que el mormonismo lucha denodadamente por disfrazarse como la iglesia cristiana completa: con un mensaje exclusivo, profetas infalibles y revelaciones más altas para una nueva dispensación, la cual quisieran hacernos creer que comenzó con Joseph Smith hijo.

Pero el veredicto tanto de la historia como de la teología bíblica es que la religión de Joseph Smith constituye una monstruosidad politeísta de doctrinas mutiladas envueltas en el ropaje de la terminología bíblica. Este hecho, por sí solo, los identifica como una secta no cristiana.

Los que estén pensando hacerse mormones sacarían gran provecho de un estudio cuidadoso de los hechos y de la evidencia antes discutida, no sea que se vean desviados al laberinto espiritual que constituye el mormonismo.

# Notas

[1]El crecimiento de los mormones desde el año 1900 es una historia excepcional: (1900) 268.331; (1910) 393.437; (1920) 526.032; (1930) 672.488; (1940) 862.664; (1950) 1.111.314; (1960) 1.693.180; (1970) 2.930.810; y (1980) 4.633.000.

[2]En 1975, la agencia de noticias Associated Press evaluó los ingresos diarios de la Iglesia por lo menos en tres millones de dólares (estando un 60% de dichos ingresos libres de impuestos).

[3]Como ejemplo, en abril de 1978 el *Reader's Digest* (Selecciones) publicó un anuncio de ocho páginas acerca de los programas de la Iglesia, el primero de una serie de 12 millones de dólares dirigidos a los cerca de 50 millones de lectores de la revista.

[4]Sin embargo, un repaso de las estadísticas sociales del estado de Utah, que es por lo menos 70% mormón, muestra tasas de divorcio, de abuso infantil, de embarazos de adolescentes y de suicidios, superiores al promedio nacional y en aumento.

[5]Véase Hugh Nibley, *The Myth Makers*—Los creadores de mitos—, Salt Lake City, UT, EE.UU.: Bookcraft, Inc., 1958.

[6]*Historical Magazine*, News Series, Vol. 8, No. 5, noviembre de 1870, págs 315, 316.

[7]*Millennial Star*, Vol. 27, No. 42, 21 de octubre de 1885.

[8]Supuestamente piedras mágicas que cuando se colocaban dentro de un sombrero y quedaban parcialmente oscurecidas revelaban objetos perdidos y tesoros enterrados. Las varas adivinadoras eran palos que guiaban presuntamente a los tesoros, a donde había agua, etc.

[9]*Millennial Star*, Vol. 14, Suplemento, pág. 6.

[10]*Frazers Magazine* (News Series), Vol. 7, febrero 1873, pág. 229.

[11]El egipcio reformado es un idioma inexistente según todos los egiptólogos y filólogos eminentes consultados alguna vez acerca del asunto; sin embargo, los mormones todavía mantienen su pretensión a pesar de conocer los hechos.

[12]*The Book of Mormon — Libro de Mormón—*, R. K. Salyards, padre, Herald House, Independence, Mo. EE.UU.:n.d., págs. 13–16.

[13]Cursiva del autor para subrayar.

[14]*The Book of Mormon?— ¿Libro de Mormón?—*, Doctor James D. Bales, The Manney Company, Fort Worth 14, Texas, EE.UU., págs. 138–142.

[15]*Ibid.*, págs. 146, 147.

[16]John A. Widtsoe, *The Priesthood and Church Government* —El sacerdocio y el gobierno de la Iglesia—, Salt Lake City, UT, EE.UU.: Deseret Book Company.

[17]*Ibid.*, págs. 102, 103.

[18]*Ibid.*, pág. 103.

[19]Hasta junio de 1978, a los hombres de ascendencia africana se les negaba el sacerdocio debido a una enseñanza según la cual estaban bajo una maldición a causa de la falta de valentía que habían demostrado en su existencia premortal. Bajo esta exclusión no podían alcanzar la condición de "exaltación" (deidad).

[20]La pretensión mormona de que Melquisedec confirió a Abraham su sacerdocio cuando éste le dio el diezmo (Génesis 18) no tiene base bíblica (*Priesthood and Church Government*, John A. Widtsoe, pág. 109). A esta sazón se debería instar a los mormones a que dieran pruebas bíblicas de su afirmación; la ausencia de dichas pruebas proporciona una oportunidad adicional para socavar su ya débil posición.

[21]Es importante destacar que Brigham Young afirmaba no haber "predicado, ni distribuido a los hijos de los hombres, ningún sermón que no puedan llamar bíblico" (*Journal of Discourses* —Diario de discursos—, Vol. 13, pág. 95). Esto incluye la doctrina del Adán-Dios.

[22]Algunos mormones, citando a los primeros escritores de la secta, han intentado diferenciar entre los términos ingleses Holy Spirit y Holy Ghost (Espíritu Santo), lo cual es lingüísticamente impo-

sible en el Nuevo Testamento griego, como lo revela cualquier léxico.

[23]5 de octubre de 1954.

[24]Joseph Smith, Historia 1:1–25.

[25]*The American Weekly*, 3 de Abril de 1955.

Printed in U.S.A.